Dietrich Bonhoeffer

Mitten im Leben Gott erkennen

Texte für das Kirchenjahr

Herausgegeben von Manfred Weber

Gütersloher Verlagshaus

Bibliografische Information Der Deutschen Bibliothek
Die Deutsche Bibliothek verzeichnet diese Publikation in der Deutschen Nationalbibliografie; detaillierte bibliografische Daten sind im Internet über http://dnb.ddb.de abrufbar.

Alle zitierten Texte folgen der Rechtschreibung und Zeichensetzung Dietrich Bonhoeffers.

ISBN 3-579-05455-4

Umschlaggestaltung: Init GmbH, Bielefeld
Satz: Buch-Werkstatt GmbH, Bad Aibling
Druck und Verarbeitung: GGP Media, Pößneck
Printed in Germany

www.gtvh.de

»Er lebte eher nach den Kirchenfesten ...
als nach dem Kalendermonat.«[1]

In seiner Examensklausur über die Bedeutung und Wahl eines biblischen Textes für die Predigt im Gemeindegottesdienst[2] äußert sich Dietrich Bonhoeffer schon sehr deutlich darüber, welchen Stellenwert für ihn das Kirchenjahr hatte. »Eine gewisse Bindung gibt freilich jeweils das Kirchenjahr und diese Bindung muß bleiben.«[3] Auch in den Vorlesungen und Übungen bei der illegalen Theologenausbildung in Finkenwalde sind die Hinweise auf das Kirchenjahr für Predigt und Liturgie immer wieder einbezogen.
Aber nicht nur für den Prediger und Seelsorger, sondern auch für sein persönliches Leben, waren die Zeiten des Kirchenjahres Orientierung.
Einige wenige Bemerkungen in seinen Briefen aus der Haft belegen dies. So wird in den Briefen, die er sonntags schrieb, immer die lateinische Bezeichnung des Sonntags in der Datumszeile erwähnt.
In einem Brief an seine Braut Maria von Wedemeyer, geschrieben am Pfingstmontag 1944, fragt Dietrich Bonhoeffer: »Vergeßt Ihr da draußen eigentlich die großen Feiertage?«[4] Und an seinen Freund Eberhard Bethge am gleichen Tag: »Anfangs war ich etwas verblüfft und vielleicht sogar betrübt, diesmal zu Pfingsten von niemanden einen Brief zu haben.«[5] Die Frage, die er seiner Braut stellte, beantwortete Bonhoeffer selbst:

»Diese Feiertage erfordern hier [im Gefängnis] immer einen besonderen inneren Kraftaufwand; sie sind aber zugleich eine besondere Quelle der Kraft.«[6]
Dieser kurze biographische Hintergrund nimmt der in diesem Band vorgelegten Auswahl von Texten zum Kirchenjahr die Beliebigkeit. Aus Meditationen, Predigten, Briefen und Abhandlungen ausgewählt, entfalten die Texte ein zentrales Anliegen von Dietrich Bonhoeffer: Gott erkennen in den Zeiten des Jahres, Gott erkennen in der Mitte des Lebens.[7]

Die Beiträge zu den Zeiten des Kirchenjahres – Advent, Weihnachten, Altjahresabend, Neujahr, Epiphanias, Passionszeit, Ostern, Himmelfahrt, Pfingsten, Trinitatis, Erntedank, Reformationsfest, Bußtag, Totensonntag – sind so geordnet, dass jeweils Hinführung, Text und Gebet eine Einheit bilden. Die Gebete sind nicht immer ausformulierte Gebetstexte, sondern als Impulse für das persönliche Gebet gedacht.
Vor sechzig und mehr Jahren sind die Texte entstanden. Heute staunen wir über das Wunder ihrer Aktualität.

In der Passionszeit 2003 *Manfred Weber*

Advent

Advent feiern heißt warten können; Warten ist eine Kunst, die unsere ungeduldige Zeit vergessen hat. Sie will die reife Frucht brechen, wenn sie kaum den Sprößling setzte; aber die gierigen Augen werden nur allzuoft betrogen, indem die scheinbar so köstliche Frucht von innen noch grün ist, und respektlose Hände werfen undankbar beiseite, was ihnen so Enttäuschung brachte. Wer nicht die herbe Seligkeit des Wartens, das heißt des Entbehrens in Hoffnung, kennt, der wird nie den ganzen Segen der Erfüllung erfahren.

Und Maria sprach: Meine Seele erhebet den Herrn, und mein Geist freuet sich Gottes, meines Heilands; denn er hat die Niedrigkeit seiner Magd angesehen. Siehe, von nun an werden mich selig preisen alle Kindeskinder; denn er hat große Dinge an mir getan, der da mächtig ist und des Name heilig ist. Und seine Barmherzigkeit währet immer für und für bei denen, die ihn fürchten. Er übet Gewalt mit seinem Arm und zerstreuet, die hoffärtig sind in ihres Herzens Sinn. Er stößt die Gewaltigen vom Stuhl und erhebt die Niedrigen. Die Hungrigen füllet er mit Gütern und läßt die Reichen leer. Er denket der Barmherzigkeit und hilft seinem Diener Israel auf, wie er geredet hat unsern Vätern, Abraham und seinem Samen ewiglich.
(Lukas 1, 46–55)

Dieses Lied der Maria ist das älteste Adventslied. Es ist zugleich das leidenschaftlichste, wildeste, ja man möchte fast sagen, revolutionärste Adventslied, das je gesungen worden ist. Es ist nicht die sanfte, zärtliche, verträumte Maria, wie wir sie manchmal auf Bildern dargestellt sehen, sondern es ist die leidenschaftliche, hingerissene, stolze, begeisterte Maria, die hier spricht. Nichts von den süßen, wehmütigen oder gar spielerischen Tönen mancher unserer Weihnachtslieder, sondern ein hartes, starkes, unerbittliches Lied von stürzenden Thronen und gedemütigten Herren dieser Welt, von Gottes Gewalt und von der Menschen Ohnmacht. Es sind die Töne der prophetischen Frauen aus dem Alten Testament, Debora (Richter 4 u. 5), Judith

(Judith 8–16), Mirjam (2 Mose 15, 20 f.), die hier im Munde der Maria lebendig werden. Maria, die vom Geist ergriffen und gefaßt, Maria, die gehorsam und demütig an sich geschehen läßt, was der Geist ihr gebietet, die den Geist wehen läßt, wo er will (Johannes 3, 8), sie spricht aus diesem Geist heraus vom Kommen Gottes in die Welt, vom Advent Jesu Christi. Sie weiß ja besser als irgendein anderer, was es heißt, auf Christus warten. Sie wartet ja anders auf ihn als irgendein anderer Mensch. Sie erwartet ihn als seine Mutter. Er ist ihr näher als irgendeinem anderen, sie weiß um das Geheimnis seines Kommens, um den Geist, der hier im Spiele ist, um den allmächtigen Gott, der sein Wunder tut. Sie erfährt es selbst am eigenen Leib, daß Gott wunderbare Wege mit den Menschen geht, daß er sich nicht nach der Meinung und Ansicht der Menschen richtet, daß er nicht den Weg geht, den die Menschen ihm vorschreiben wollen, sondern daß sein Weg über alles Begreifen, über alles Beweisen frei und eigenwillig ist. Wo der Verstand sich entrüstet, wo unsere Natur sich auflehnt, wo unsere Frömmigkeit sich ängstlich fernhält, dort, gerade dort liebt es Gott zu sein. Dort verwirrt er den Verstand der Verständigen, dort ärgert er unsere Natur, unsere Frömmigkeit – dort will er sein und keiner kann's ihm verwehren – und nur die Demütigen glauben ihm und freuen sich, daß Gott so frei und so herrlich ist, daß er Wunder tut, wo der Mensch verzagt, daß er herrlich macht, was gering und niedrig ist. Und das ist ja das Wunder aller Wunder, daß Gott das Niedrige liebt. »Gott hat die Niedrigkeit seiner Magd angesehen.« Gott in der Niedrigkeit – das ist das revolutionäre, das leidenschaftliche Adventswort. Zunächst Maria selbst – die Zimmermannsfrau, sagen wir: die arme Arbeiterfrau, unbekannt, bei den Menschen unangesehen – nun aber gerade in ihrer Unansehnlichkeit, in ihrer Niedrigkeit bei den Menschen von Gott angesehen und ausersehen, Mutter des Weltenretters zu sein; nicht um irgendwelcher menschlicher Vorzüge willen, auch nicht um ihrer gewiß großen Frömmigkeit willen, auch nicht um ihrer Demut willen, nicht um irgendwelcher Tugenden willen, sondern ausschließlich und allein darum, weil Gottes gnädiger Wille das Niedrige, das Unansehnliche, das Geringe liebt, erwählt und groß macht. Maria, die harte, fromme, in ihrem Alten Testament lebende und auf ihren Erlöser hoffende niedrige Arbeiterfrau – die Mutter Gottes. [...] Christus in der Krippe ... Gott schämt sich der Niedrigkeit des Menschen nicht, er geht mitten hinein, erwählt einen Menschen zu seinem Werkzeug und tut seine Wunder dort, wo man sie am wenigsten erwartet. Gott ist nahe der Niedrigkeit, er liebt das Verlorene, das Unbeachtete, Unansehnliche, das Ausgestoßene, das Schwache und Zerbrochene, wo die Menschen sagen: verloren, da sagt er: gefunden, wo die Menschen sagen »gerichtet«, da sagt er »gerettet«, wo die Menschen sagen: Nein!, da sagt er: Ja! Wo die Menschen ihren Blick gleichgültig oder hochmütig wegwenden, da ist sein Blick von einer Glut der Liebe wie nirgends sonst. Wo die Menschen sagen: verächtlich, da ruft Gott: selig. Wo wir an einen Punkt in unserem Leben geraten sind, daß wir uns nur noch vor uns selbst und vor Gott schämen, wo wir meinen, Gott selbst müsse sich jetzt unserer schämen, wo wir uns Gott so fern fühlen, wie irgend je im Leben, da gerade ist Gott uns so nah wie nie zuvor, da will er in unser Leben einbrechen, da läßt er uns sein Herannahen fühlbar spüren, damit wir das Wunder seiner Liebe, seiner Nähe, seiner Gnade begreifen sollen.

»Siehe, nun werden mich selig preisen alle Kindeskinder!« jubelt Maria. Was heißt es, Maria, die niedrige Magd, selig preisen? Es kann nichts anderes heißen, als das Wunder Gottes, das an ihr geschah, staunend anbeten, an ihr ersehen, daß Gott das Niedrige ansieht und erhöht, daß Gottes Kommen in diese Welt nicht die Höhen, sondern die Tiefen aufsucht, daß wir Gottes Herrlichkeit und Allmacht darin sehen, daß er das Geringe groß macht. Maria selig preisen heißt nicht, ihr Altäre bauen, sondern mit ihr den Gott anbeten, der das Niedrige ansieht und erwählt, der »große Dinge tut und des Name heilig ist«. Maria selig preisen heißt, mit ihr wissen, daß Gottes »Barmherzigkeit währet für und für bei denen, die ihn fürchten«, die seinen Wegen staunend nachsehen und nachdenken, die seinen Geist wehen lassen, wo er will, die ihm gehorchen und mit Maria demütig sprechen: Mir geschehe, wie du gesagt hast (Lukas 1, 38).

Wenn Gott die Maria zum Werkzeug erwählt, wenn Gott selbst in der Krippe von Bethlehem auf diese Welt kommen will, so ist das nicht eine idyllische Familienangelegenheit, sondern es ist der Beginn einer völligen Umkehrung, Neuordnung aller Dinge dieser Erde. Wenn wir an diesem Advents- und Weihnachtsgeschehen teilnehmen wollen, so können wir nicht einfach zuschauerisch wie bei einem Theater daneben stehen und uns an all den freundlichen Bildern freuen, sondern dann werden wir selbst in diese Handlung, die da geschieht, in diese Umkehr aller Dinge mit hineingerissen, da müssen wir mitspielen auf dieser Bühne, da ist der Zuschauer immer schon eine handelnde Person in dem Stück, da können wir uns nicht entziehen. Was spielen wir denn da mit? Fromme Hirten, die ihre Knie beugen? Könige, die ihre Gaben bringen? Was wird denn da gespielt, wo Maria die Mutter Gottes wird, wo Gott in der Niedrigkeit der Krippe in die Welt kommt? Weltgericht und Welterlösung – das ist es, was hier geschieht; und das Christuskind in der Krippe selbst ist es, das Weltgericht und Welterlösung hält, es stößt die Großen und Gewaltigen zurück, es stürzt die Throne der Machthaber, es demütigt die Hoffärtigen, sein Arm übt Gewalt über alle Hohen und Starken, und es erhebt, was niedrig ist und macht es groß und herrlich in seiner Barmherzigkeit. Und darum können wir an seine Krippe nicht treten, wie an die Wiege eines anderen Kindes, sondern wer an seine Krippe gehen will, mit dem geht etwas vor, der kann nur gerichtet oder erlöst wieder von ihr fortgehen, der muß hier entweder zusammenbrechen oder er weiß die Barmherzigkeit Gottes sich zugewandt.

Was heißt das? Ist das nicht alles Redensart, pastorale Übertreibung einer schönen frommen Legende? Was heißt es, daß solche Dinge vom Christuskind gesagt werden? Wer es als Redensart nehmen will, der tue es

und feiere Advent und Weihnachten weiterhin so heidnisch unbeteiligt wie bisher. Uns ist es keine Redensart. Denn das ist es ja, daß es Gott selbst ist, der Herr und Schöpfer aller Dinge, der hier so gering wird, der hier in den Winkel, in die Verborgenheit, in die Unansehnlichkeit der Welt eingeht, der in der Hilflosigkeit und Wehrlosigkeit des Kindes uns begegnen und unter uns sein will – und das nicht aus Tändelei, aus Spielerei, weil wir das so rührend finden, sondern um uns zu zeigen, wo er sei und wer er sei, und um von diesem Ort aus alles menschliche Großseinwollen zu richten, und zu entwerten, zu entthronen.
Der Thron Gottes in der Welt ist nicht auf den menschlichen Thronen, sondern in den menschlichen Abgründen und Tiefen, in der Krippe. Um seinen Thron herum stehen nicht schmeichelnde Vasallen, sondern dunkle, unbekannte, fragwürdige Gestalten, die sich an diesem Wunder nicht satt sehen können und ganz von der Barmherzigkeit Gottes leben wollen.
Es gibt für einen Starken, für einen Großen dieser Welt nur zwei Orte, an denen ihn sein Mut verläßt, vor denen er sich in tiefster Seele fürchtet, denen er scheu ausweicht. Das ist die Krippe und das Kreuz Jesu Christi. In die Nähe der Krippe wagt sich kein Gewaltiger, hat sich der König Herodes auch nicht gewagt. Denn eben hier wanken die Throne, fallen die Gewaltigen, stürzen die Hohen, weil Gott mit den Niedrigen ist, hier werden die Reichen zunichte, weil Gott mit den Armen und Hungernden ist, weil er die Hungernden satt macht, aber die Satten und Reichen gehen leer aus. Vor der Maria,

der Magd, vor der Krippe Christi, vor Gott in der Niedrigkeit, kommt der Starke zu Fall, hat er kein Recht, keine Hoffnung, ist er gerichtet.
Und wenn er auch heute noch meint, es geschehe ihm nichts, so wird es morgen oder übermorgen geschehen, Gott stößt die Tyrannen vom Stuhl, Gott erhebt die Niedrigen. Dazu ist Jesus Christus als Kind in der Krippe, als Sohn der Maria zur Welt gekommen.
Wir wollen [...] Weihnachten feiern und nun einmal wirklich als Fest des Christus in unserer Welt. Da müssen wir vorher noch etwas bereinigen, was in unserem Leben eine große Rolle spielt; nämlich wir müssen uns klar werden, wie wir angesichts der Krippe künftighin über hoch und niedrig im menschlichen Leben denken wollen. Wir sind zwar alle keine Gewaltigen, auch wenn wir's vielleicht gern wären und wir uns das ungern sagen lassen. Große Gewaltige gibt es immer nur wenige. Aber um so mehr kleine Gewaltige gibt es, solche Leute, die, wo sie es können, ihre kleine Gewalt spielen lassen und die nur einem Gedanken leben: immer höher hinauf! Gottes Gedanke heißt anders, er heißt: immer tiefer hinab, in die Niedrigkeit, in die Unscheinbarkeit, in die Selbstvergessenheit, in die Unansehnlichkeit, in das Nichtgeltenwollen, nicht Hochsein wollen – und auf diesem Weg begegnen wir Gott selbst. Jeder von uns lebt mit solchen zusammen, die man hoch und mit solchen, die man niedrig nennt. Jeder von uns hat noch einen, der niedriger ist als er. Ob dieses Weihnachten uns dazu helfen wird, noch einmal an diesem Punkt radikal umzulernen, umzudenken, und zu wissen, daß

unser Weg, sofern er ein Weg zu Gott sein soll, uns nicht auf die Höhen, sondern ganz wirklich in die Tiefen zu den Geringen führt, und daß jeder Lebensweg, der nur ein Höhenweg sein soll, ein Ende mit Schrecken nehmen muß?
Gott läßt sich nicht spotten (Galater 6, 7). Er läßt es nicht hingehen, daß wir Jahr um Jahr Weihnachten feiern und nicht Ernst machen. Er hält sein Wort gewiß und er wird Weihnachten, wenn er in seiner Herrlichkeit und Macht in die Krippe eingeht, die Gewaltigen von ihrem Stuhl stoßen, wenn sie nicht endlich, endlich Umkehr halten.
Es ist eine wichtige Sache für eine christliche Gemeinde, daß sie sich in diesem Punkt versteht und daß sie aus solcher Erkenntnis die Konsequenzen für ihr Zusammenleben zieht. [...]
Wer von uns wird Weihnachten recht feiern? Wer alle Gewalt, alle Ehre, alles Ansehen, alle Eitelkeit, allen Hochmut, alle Eigenwilligkeit endlich niederlegt an der Krippe, wer sich hält zu den Niedrigen und Gott allein hoch sein läßt, wer im Kind in der Krippe die Herrlichkeit Gottes gerade in der Niedrigkeit schaut, wer mit Maria spricht: Der Herr hat meine Niedrigkeit angesehen. Meine Seele erhebt den Herrn und mein Geist freuet sich Gottes, meines Heilandes.

Gott, komm in unser Warten hinein.
Gott, wir warten auf dein Heil, dein Gericht,
auf deine Liebe und deinen Frieden.
Jesus spricht zu uns: Siehe, ich stehe vor
der Tür und klopfe an, wir aber sprechen:
Ja, komm, Herr Jesu.

Weihnachten

Weihnachten 1943. Dietrich Bonhoeffer schreibt aus dem Gefängnis an seine Eltern: »... Ihr müßt nun vor allem nicht denken, daß ich mich durch dieses einsame Weihnachten werde niederschlagen lassen; es wird in der Reihe der verschiedenartigen Weihnachten, die ich in Spanien, in Amerika, in England gefeiert habe, für immer seinen besonderen Platz einnehmen, und ich will in späteren Jahren nicht beschämt, sondern mit einem gewissen Stolz an diese Tage zurückdenken können. Das ist das einzige, was mir niemand nehmen kann. Daß es aber nun auch Euch, Maria und den Geschwistern und Freunden nicht erspart bleibt, mich Weihnachten im Gefängnis zu wissen, und daß damit über die wenigen fröhlichen Stunden, die Euch in dieser Zeit noch geblieben sind, ein Schatten fallen soll, das kann ich nur dadurch verwinden, daß ich glaube und weiß, daß Ihr nicht anders denken werdet als ich und daß wir in unserer Haltung angesichts dieses Weihnachtsfestes einig sind; und das kann schon darum garnicht anders sein, weil ja diese Haltung nur ein geistiges Erbstück von Euch ist. Ich brauche Euch nicht zu sagen, wie groß meine Sehnsucht nach Freiheit und nach Euch allen ist. Aber Ihr habt uns durch Jahrzehnte hindurch so unvergleichlich schöne Weihnachten bereitet, daß die dankbare Erinnerung daran stark genug ist, um auch ein dunkleres Weihnachten zu überstrahlen. In solchen Zeiten erweist es sich eigentlich erst, was es bedeutet, eine Vergangenheit und ein inneres Erbe zu besitzen, das von dem Wandel der Zeiten und Zufälle unabhängig ist. Das Bewußtsein, von einer geistigen Überlieferung, die durch Jahrhunderte reicht, getragen zu sein, gibt einem allen vorübergehenden Bedrängnissen gegenüber das sichere Gefühl der Geborgenheit. Ich glaube, wer sich im Besitze solcher Kraftreserven weiß, braucht sich auch weicherer Gefühle, die meiner Meinung nach doch zu den besseren und edleren der Menschen gehören, nicht zu schämen, wenn die Erinnerung an eine gute und reiche Vergangenheit sie hervorruft. Überwältigen werden sie denjenigen nicht, der an den Werten festhält, die ihm kein Mensch nehmen kann.

Vom Christlichen her gesehen kann ein Weihnachten in der Gefängniszelle ja kein besonderes Problem sein. Wahrscheinlich wird in diesem Hause hier von Vielen ein sinnvolleres und echteres Weihnachten gefeiert werden als dort, wo man nur noch den Namen dieses Festes hat. Daß Elend, Leid, Armut, Einsamkeit, Hilflosigkeit und Schuld vor den Augen Gottes etwas ganz anderes bedeuten als im Urteil der Menschen, daß Gott sich gerade dorthin wendet, wo die Menschen sich abzuwenden pflegen, daß Christus im Stall geboren wurde, weil er sonst keinen Raum in der Herberge fand, – das begreift ein Gefangener besser als ein anderer und das ist für ihn wirklich eine frohe Botschaft, und indem er das glaubt, weiß er sich in die alle räumlichen und zeitlichen Grenzen sprengende Gemeinschaft

der Christenheit hineingestellt und die Gefängnismauern verlieren ihre Bedeutung.
Ich werde am heiligen Abend sehr an Euch alle denken, und ich möchte gern, dass Ihr glaubt, daß auch ich ein paar wirklich schöne Stunden haben werde und mich die Trübsal bestimmt nicht übermannt.«

Uns ist ein Kind geboren, ein Sohn ist uns gegeben, und die Herrschaft ist auf seiner Schulter; und er heißt Wunderbar, Rat, Kraft, Held, Ewig-Vater, Friedefürst; auf daß seine Herrschaft groß werde und des Friedens kein Ende, auf dem Stuhl Davids und in seinem Königreich, daß er's zurichte und stärke mit Gericht und Gerechtigkeit von nun an bis in Ewigkeit. Solches wird tun der Eifer des Herrn Zebaoth.
(Jesaja 5, 5 u. 6)

Mitten in tiefster Schuld und Not des Volkes spricht eine Stimme leise und geheimnisvoll, aber voll seliger Gewißheit von der Erlösung durch die Geburt eines göttlichen Kindes. Noch sind es 700 Jahre bis zur Zeit der Erfüllung, aber so tief ist der Prophet in Gottes Gedanken und Ratschlüsse versenkt, daß er von dem Künftigen spricht, als sähe er es schon, daß er von der rettenden Stunde spricht, als stehe er schon anbetend vor der Krippe Jesu. »Uns ist ein Kind geboren«.
Was dereinst geschehen wird, das ist in Gottes Augen schon wirklich und gewiß und das wird nicht nur den künftigen Geschlechtern zum Heil, sondern schon dem Propheten, der es kommen sieht, und seinem Geschlechte, ja allen Geschlechtern auf Erden. »Uns ist ein Kind geboren«. So kann kein menschlicher Geist aus sich heraus sprechen. Die wir nicht wissen, was im nächsten Jahr geschehen wird, wie sollen wir es begreifen, daß einer über Jahrhunderte hinaussieht? Und die Zeiten waren damals nicht durchsichtiger als heute. Nur der Geist Gottes, der Anfang und Ende der Welt umfaßt,

kann einem erwählten Menschen das Geheimnis der Zukunft so offenbaren, daß er weissagen muß zur Stärkung der Gläubigen, zur Warnung der Ungläubigen. Diese Stimme des Einzelnen, die leise durch die Jahrhunderte hindurchklingt und zu der sich hier und dort eine andere vereinzelte Stimme eines Propheten gesellt, geht zuletzt ein in die nächtliche Anbetung der Hirten (Lukas 2, 15–17) und in den vollen Jubel der christusgläubigen Gemeinde: »uns ist ein Kind geboren, ein Sohn ist uns gegeben«.

Von der Geburt eines Kindes ist die Rede, nicht von der umwälzenden Tat eines starken Mannes, nicht von der kühnen Entdeckung eines Weisen, nicht von dem frommen Werk eines Heiligen. Es geht wirklich über alles Begreifen: Die Geburt eines Kindes soll die große - Wendung aller Dinge herbeiführen, soll der ganzen Menschheit Heil und Erlösung bringen. Worum sich Könige und Staatsmänner, Philosophen und Künstler, Religionsstifter und Sittenlehrer vergeblich bemühen, das geschieht nun durch ein neugeborenes Kind.

Wie zur Beschämung der gewaltigsten menschlichen Anstrengungen und Leistungen wird hier ein Kind in den Mittelpunkt der Weltgeschichte gestellt. Ein Kind von Menschen geboren, ein Sohn von Gott gegeben. Das ist das Geheimnis der Erlösung der Welt, alles Vergangene und alles Zukünftige ist hier umschlossen. Die unendliche Barmherzigkeit des allmächtigen Gottes kommt zu uns, läßt sich zu uns herab in der Gestalt eines Kindes, seines Sohnes. Daß *uns* dieses Kind geboren, dieser Sohn gegeben ist, daß mir dieses Menschenkind, dieser Gottessohn zugehört, daß ich ihn kenne, ihn habe, ihn liebe, daß ich sein bin und er mein ist, daran allein hängt nun mein Leben. Ein Kind hat unser Leben in der Hand.

Wie wollen wir diesem Kinde begegnen? Sind unsere Hände durch die tägliche Arbeit, die sie vollbrachten, zu hart und zu stolz geworden, um sich beim Anblick dieses Kindes anbetend zu falten? Tragen wir unseren Kopf, der so viele schwere Gedanken hat denken, Probleme hat lösen müssen, zu hoch, als daß wir ihn vor dem Wunder dieses Kindes noch demütig beugen könnten? Können wir alle unsere Anstrengungen, Leistungen, Wichtigkeiten noch einmal ganz vergessen, um mit den Schafhirten (Lukas 2, 8) und mit den Weisen aus dem Morgenland (Matthäus 2, 1.11) vor dem göttlichen Kind in der Krippe kindlich anzubeten; um mit dem alten Simeon (Lukas 2, 25.28) das Kind in die Arme zu nehmen und in diesem Augenblick die Erfüllung unseres ganzen Lebens dankbar zu erkennen? Es ist wahrhaftig ein seltsamer Anblick, wenn ein starker stolzer Mann seine Kniee vor diesem Kind beugt, wenn er einfältigen Herzens in ihm seinen Heiland findet und verehrt, und es muß wohl ein Kopfschütteln, ja vielleicht sogar ein böses Lachen durch unsere alte, kluge, erfahrene, selbstgewisse Welt gehen, wenn sie den Heilsruf der gläubigen Christen vernimmt: »Uns ist ein Kind geboren, ein Sohn ist uns gegeben«.

»Und die Herrschaft ist auf seiner Schulter«. Auf den schwachen Schultern dieses neugeborenen Kindes soll die Herrschaft über die Welt liegen! Eines wissen wir:

Diese Schultern werden jedenfalls die ganze Last der Welt zu tragen bekommen. Mit dem Kreuz wird alle Sünde und Not dieser Welt auf diese Schultern geladen werden. Die Herrschaft aber wird darin bestehen, daß der Träger unter der Last nicht zusammenbricht, sondern sie ans Ziel bringt. Die Herrschaft, die auf den Schultern des Kindes in der Krippe liegt, besteht im geduldigen Tragen der Menschen und ihrer Schuld. Dieses Tragen aber fängt in der Krippe an, fängt dort an, wo das ewige Wort Gottes das menschliche Fleisch annahm und trug. Gerade in der Niedrigkeit und Schwachheit des Kindes nimmt die Herrschaft über alle Welt ihren Anfang. Als Zeichen der Herrschaft über das Haus pflegte man dem Hausherrn die Schlüssel über die Schulter zu hängen. Das bedeutete, daß er die Macht hat, auf- und zuzuschließen, einzulassen und abzuweisen, wen er will. Das ist auch die Weise der Herrschaft dessen, der das Kreuz auf seinen Schultern trug. Er schließt auf, indem er Sünde vergibt, und er schließt zu, indem er den Stolzen verstößt. Das ist die Herrschaft dieses Kindes, daß es die Demütigen, Geringen, die Sünder annimmt und trägt, daß es aber die Stolzen, Hoffärtigen, die Gerechten zunichte macht und verwirft (Lukas 1, 51 f.).
Wer ist dieses Kind, von dem Propheten weissagen und über dessen Geburt Himmel und Erde jauchzen? Nur stammelnd kann man seinen Namen aussprechen, kann man zu umschreiben versuchen, was in diesem Namen umschlossen ist. Worte häufen und überstürzen sich, wenn sie sagen sollen, wer dieses Kind sei. Ja, seltsame

Wortgebilde, die wir sonst nicht kennen, entstehen, wo der Name dieses Kindes über menschliche Lippen gebracht werden soll: »Wunder Rat«, »Gott Kraft«, »Ewig Vater«, »Friede Fürst«. Jedes einzelne dieser Worte von einer unendlichen Tiefe und alle zusammen versuchen nur einen einzigen Namen auszusprechen: Jesus. »Wunder-Rat« – heißt dieses Kind. In ihm ist das Wunder aller Wunder geschehen, aus Gottes ewigem Rat ging die Geburt des Heilandkindes hervor. In der Gestalt eines Menschenkindes gab Gott uns seinen Sohn, Gott ward Mensch, das Wort ward Fleisch (Johannes 1, 14). Das ist das Wunder der Liebe Gottes zu uns und es ist der unergründliche weise Rat, daß diese Liebe uns gewinnt und rettet. Weil aber dieses Kind Gottes eigener Wunder-Rat ist, darum ist es auch selbst eine Quelle aller Wunder und alles Rates. Wer in Jesus das Wunder des Sohnes Gottes erkennt, dem wird jedes seiner Worte und jede Tat zum Wunder, der findet bei ihm in allen Nöten und Fragen letzten, tiefsten, hilfreichsten Rat. Ja, bevor das Kind seine Lippen auftun kann, ist es voller Wunder und voller Rat. Geh zum Kind in der Krippe, glaube in ihm den Sohn Gottes und du findest in ihm Wunder über Wunder, Rat über Rat. »Gott-Kraft« – heißt dieses Kind. Das Kind in der Krippe ist kein anderer als Gott selbst. Größeres kann nicht gesagt werden: Gott wurde ein Kind. In dem Jesuskind der Maria wohnt der allmächtige Gott. Halt einen Augenblick inne! Sprich nicht, denk nicht weiter! Bleib stehen vor diesem Wort! Gott ist ein Kind geworden! Hier ist es arm wie wir, elend und hilflos wie wir, ein Mensch von Fleisch und Blut wie wir, unser Bruder. Und doch ist es Gott, doch ist es Kraft. Wo ist die Gottheit, wo ist die Kraft dieses Kindes? In der göttlichen Liebe, in der es uns gleich wurde. Sein Elend in der Krippe ist seine Kraft. In der Kraft der Liebe überwindet es die Kluft zwischen Gott und den Menschen, überwindet es Sünde und Tod, vergibt es Sünde und erweckt vom Tode.

Kniee nieder vor dieser armseligen Krippe, vor diesem Kind armer Leute und sprich im Glauben die stammelnden Worte des Propheten nach: »Gott-Kraft«! – und er wird dein Gott und deine Kraft sein.

»Ewig-Vater« – wie kann dies der Name des Kindes sein? Nur so, daß sich in diesem Kinde die ewige väterliche Liebe Gottes offenbart und daß das Kind nichts anderes will als die Liebe des Vaters auf die Erde bringen. So ist der Sohn mit dem Vater eins und wer den Sohn sieht, der sieht den Vater. Dieses Kind will nichts für sich sein, kein Wunderkind im menschlichen Sinne, sondern ein gehorsames Kind seines himmlischen Vaters. In der Zeit geboren bringt es die Ewigkeit mit sich auf Erden, als Sohn Gottes bringt es uns allen die Liebe des Vaters im Himmel. Geh hin, suche und finde an der Krippe den himmlischen Vater, der hier auch dein lieber Vater geworden ist.

»Friede-Fürst« – wo Gott in Liebe zu den Menschen kommt, sich mit ihnen vereint, dort ist Friede geschlossen zwischen Gott und Mensch und zwischen Mensch und Mensch. Fürchtest du dich vor Gottes Zorn, so geh zum Kind in der Krippe und laß dir hier den Frieden

Gottes schenken. Bist du in Streit und Haß mit deinem Bruder zerfallen, komm und sieh, wie Gott aus lauter Liebe unser Bruder geworden ist und uns miteinander versöhnen will. In der Welt herrscht die Gewalt, dieses Kind ist der Fürst des Friedens. Wo es ist, dort herrscht Friede.

»Wunder-Rat, Gott-Kraft, Ewig-Vater, Friede-Fürst« – so sprechen wir an der Krippe von Bethlehem, so überstürzen sich unsere Worte beim Anblick des göttlichen Kindes, so versuchen wir in Begriffe zu fassen, was für uns in dem einen Namen beschlossen liegt: Jesus. Diese Worte aber sind ja im Grunde nichts anderes als ein wortloses Schweigen der Anbetung vor dem Unaussprechlichen, der Gegenwart Gottes in der Gestalt eines Menschenkindes.

Von der Geburt und dem Namen des göttlichen Kindes haben wir gehört. Nun hören wir zuletzt noch von seinem Reich.

Groß wird die Herrschaft dieses armen Kindes sein. Die ganze Erde wird sie umfassen und alle Menschengeschlechter bis ans Ende der Zeiten werden ihr, wissentlich oder unwissentlich, dienen müssen. Es wird eine Herrschaft über die Herzen der Menschen sein, aber auch Throne und große Reiche werden an dieser Macht sich stärken oder zerbrechen. Die heimliche unsichtbare Herrschaft des göttlichen Kindes über die Menschenherzen ist fester gegründet als die sichtbare und glänzende Macht irdischer Herren. Zuletzt muß alle Herrschaft auf Erden allein der Herrschaft Jesu Christi

über die Menschen dienen. Durch alle Feindschaft hindurch wird diese Herrschaft immer nur größer und gefestigter werden.
Mit der Geburt Jesu ist das große Friedensreich angebrochen. Ist es nicht ein Wunder, daß dort, wo Jesus wirklich Herr über die Menschen geworden ist, auch Friede herrscht? Daß es eine Christenheit gibt auf der ganzen Erde, in der es mitten in der Welt Friede gibt? Nur wo man Jesus nicht herrschen läßt, wo menschlicher Eigensinn, Trotz, Haß und Begehrlichkeit sich ungebrochen ausleben dürfen, dort kann kein Friede sein. Nicht durch Gewalt will Jesus sein Friedensreich aufrichten, sondern wo Menschen sich willig ihm unterwerfen, ihn über sich herrschen lassen, dort schenkt er ihnen seinen wunderbaren Frieden. Wenn heute wieder christliche Völker zerrissen sind in Krieg und Haß, ja wenn selbst die christlichen Kirchen nicht zueinander finden, dann ist das nicht die Schuld Jesu Christi, sondern die Schuld der Menschen, die Jesus Christus nicht herrschen lassen wollen. Dadurch fällt aber die Verheißung nicht hin, daß »des Friedens kein Ende« sein wird, wo das göttliche Kind über uns herrscht.
»Auf dem Throne Davids und in seinem Königreich« herrscht Jesus Christus. Es ist kein weltlicher Thron und kein weltliches Reich mehr, wie es einst war, sondern ein geistlicher Thron und ein geistliches Reich. Wo ist Thron und Reich Jesu? Dort wo er mit seinem Wort und seinem Sakrament gegenwärtig ist, herrscht und regiert, in der Kirche, in der Gemeinde.
»Mit Gericht und Gerechtigkeit« regiert Jesus in seinem

Reich. An der Gemeinde der Gläubigen geht sein Gericht nicht vorüber, nein an ihr gerade übt er sein strengstes Gericht und sie erweist sich als seine Gemeinde, indem sie sich diesem Gericht nicht entzieht, sondern beugt. Nur wo Jesus die Sünde richtet, kann er neue Gerechtigkeit schenken. Ein Reich der Gerechtigkeit soll sein Reich sein, aber nicht der Selbstgerechtigkeit, sondern der göttlichen Gerechtigkeit, die nur durch das Gericht über die Sünde aufgerichtet werden kann. Es wird die Stärke dieses Reiches sein, daß es auf Gericht und Gerechtigkeit beruht. Es wird die Dauer dieses Reiches sein, daß Unrecht in ihm nicht ungestraft bleibt.

Ein Reich des Friedens und der Gerechtigkeit, unerfüllte Sehnsucht der Menschen, ist mit der Geburt des göttlichen Kindes angebrochen. Wir sind zu diesem Reich berufen. Wir können es finden, wenn wir in der Kirche, in der Gemeinde der Gläubigen Wort und Sakrament des Herrn Jesus Christus annehmen, uns seiner Herrschaft unterwerfen, wenn wir in dem Kind in der Krippe unseren Heiland und Erretter erkennen und uns ein neues Leben in der Liebe von ihm schenken lassen.

»Von nun an« – das heißt von der Geburt Jesu an – »bis in Ewigkeit« wird dieses Reich dauern. Wer bürgt dafür, daß es nicht unter den Stürmen der Weltgeschichte zerschmettert wird und zugrunde geht, wie alle anderen Reiche auch?

»Solches wird tun der Eifer des Herrn Zebaoth«. Der heilige Eifer Gottes um sein Reich bürgt dafür, daß dieses Reich in Ewigkeit bleibt und zu seiner letzten Vollendung kommt, aller menschlichen Schuld, allem

Widerstand zum Trotz. Ob wir dabei sind oder nicht, darauf wird es nicht ankommen. Gott führt seinen Plan zum Ziel mit uns oder gegen uns. Aber er will, daß wir mit ihm seien. Nicht um seinetwillen, sondern um unsertwillen. Gott mit uns – Immanuel-Jesus – das ist das Geheimnis dieser Heiligen Nacht. Wir aber jubeln: »Uns ist ein Kind gegeben, ein Sohn ist uns geboren«. Ich glaube, daß Jesus Christus, wahrhaftiger Mensch von der Jungfrau Maria geboren und auch wahrhaftiger Gott, vom Vater in Ewigkeit geboren, sei mein Herr.

Aus Liebe zum Menschen wird Gott Mensch.
Er sucht sich nicht
den vollkommensten Menschen,
um sich mit ihm zu verbinden,
sondern er nimmt menschliches Wesen an,
wie es ist.
Jesus Christus
ist nicht die Verklärung hohen Menschentums,
sondern das Ja Gottes
zum wirklichen Menschen,
nicht das leidenschaftslose Ja des Richters,
sondern das barmherzige Ja des Mitleidenden.
In diesem Ja ist das ganze Leben
und die ganze Hoffnung der Welt beschlossen.
In dem Menschen Jesus Christus
ist das Urteil über die ganze Menschheit ergangen,
nicht das teilnahmslose Urteil des Richters,
sondern das barmherzige Urteil dessen,
der das Geschick der ganzen Menschheit
selbst durchleidet und trägt.
Jesus ist nicht ein Mensch,
sondern der Mensch.

Altjahrsabend

Das letzte theologische und gestaltete Zeugnis aus Bonhoeffers Hand ist das Gedicht »Von guten Mächten«. Es ist ein Gebet. Seiner Mutter und seiner Braut hat er es zugedacht.

Von guten Mächten treu und still umgeben
behütet und getröstet wunderbar, –
so will ich diese Tage mit euch leben
und mit euch gehen in ein neues Jahr;

noch will das alte unsre Herzen quälen
noch drückt uns böser Tage schwere Last,
Ach Herr, gib unsern aufgeschreckten Seelen
das Heil, für das Du uns geschaffen hast.

Und reichst Du uns den schweren Kelch, den bittern,
des Leids, gefüllt bis an den höchsten Rand,
so nehmen wir ihn dankbar ohne Zittern
aus Deiner guten und geliebten Hand.

Doch willst Du uns noch einmal Freude schenken
an dieser Welt und ihrer Sonne Glanz,
dann woll'n wir des Vergangenen gedenken,
und dann gehört Dir unser Leben ganz.

Laß warm und hell die Kerzen heute flammen
die Du in unsre Dunkelheit gebracht,
führ, wenn es sein kann, wieder uns zusammen!
Wir wissen es, Dein Licht scheint in der Nacht.

Wenn sich die Stille nun tief um uns breitet,
so laß uns hören jenen vollen Klang
der Welt, die unsichtbar sich um uns weitet,
all Deiner Kinder hohen Lobgesang.

Von guten Mächten wunderbar geborgen
erwarten wir getrost, was kommen mag.
Gott ist bei uns am Abend und am Morgen,
und ganz gewiß an jedem neuen Tag.

Neujahrstag

Gottes Wort beansprucht meine Zeit. Gott selbst ging ein in die Zeit und will nun auch, daß ich ihm meine Zeit gebe. Christsein ist nicht die Sache eines Augenblickes, sondern es will Zeit. Gott gab uns die Schrift, aus der wir seinen Willen erkennen sollen. Die Schrift will gelesen und bedacht sein, täglich neu. Gottes Wort ist nicht eine Summe einiger allgemeiner Sätze, die ich jederzeit gegenwärtig haben könnte, sondern sie ist das täglich neue Wort Gottes an mich.

Und sie gingen in einen anderen Markt. Es begab sich aber, da sie auf dem Wege waren, sprach einer zu ihm: Ich will dir folgen, wo du hin gehst. Und Jesus sprach zu ihm: Die Füchse haben Gruben und die Vögel unter dem Himmel haben Nester; aber des Menschen Sohn hat nicht, da er sein Haupt hinlege. Und er sprach zu einem andern: Folge mir nach! Der sprach aber: Herr, erlaube mir, daß ich zuvor hingehe und meinen Vater begrabe. Aber Jesus sprach zu ihm: Laß die Toten ihre Toten begraben; gehe du aber hin und verkündige das Reich Gottes! Und ein anderer sprach: Herr, ich will dir nachfolgen; aber erlaube mir zuvor, daß ich einen Abschied mache mit denen, die in meinem Hause sind. Jesus aber sprach zu ihm: Wer seine Hand an den Pflug legt und sieht zurück, der ist nicht geschickt zum Reich Gottes. (Lukas 9, 57–62)

Der Weg zur Hölle ist mit guten Vorsätzen gepflastert« – dieses Sprichwort, das sich in den verschiedensten Ländern findet, entspringt nicht der frechen Weltklugheit eines Unverbesserlichen, sondern hier enthüllt sich tiefe christliche Einsicht. Wer an der Jahreswende nichts Besseres zu tun weiß, als sich ein Register begangener Schlechtigkeiten anzulegen und den Beschluß zu fassen, von nun an – wie viele solche »von nun an« hat es schon gegeben! – mit besseren Vorsätzen anzufangen, der steckt noch mitten im Heidentum. Denn *erstens* meint ein solcher, der gute Vorsatz mache schon den neuen Anfang, d. h. er meint, er könne von sich aus einfach einen neuen Anfang machen, wann er es gerade wolle. Und das ist eine böse Täuschung; einen neuen Anfang macht allein Gott mit dem Menschen, wenn es Ihm gefällt, aber nicht der Mensch mit Gott. Einen neuen Anfang kann der Mensch darum überhaupt nicht machen, sondern er kann nur darum beten. Wo der Mensch bei sich selbst ist und aus sich heraus lebt, da ist immer nur das Alte, das Vergangene. Allein wo Gott ist, ist das Neue und der Anfang. Und Gott kann man nicht kommandieren, man kann um ihn nur beten. Aber beten kann der Mensch nur, wenn er begreift, daß er etwas nicht kann, daß er an seiner Grenze ist, daß ein anderer anfangen muß. *Zweitens* aber merkt der Mensch, der allein von seinen guten Vorsätzen leben will, gar nicht, woher diese eigentlich kommen. Da gilt es scharf hinzusehen. Unsere sogenannten guten Vorsätze sind ja nichts als Angstprodukte eines schwachen Herzens, das sich vor allerlei Schlechtigkeiten, Sünden fürchtet und sich nun mit sehr menschlichen Waffen rüstet, um gegen diese Gewalten anzugehen. Wer aber Angst hat vor der Sünde, der ist schon mitten drin. Die Angst ist das Netz, das uns der Böse überwirft, damit wir uns verstricken und alsbald zu Fall kommen. Wer Angst hat, ist schon gefallen. Wen auf einer schwierigen Bergbesteigung plötzlich die Angst überfällt, der strauchelt gewiß. Also mit solchen ängstlichen guten Vorsätzen ist es nichts. So kommen wir bestimmt zu keinem neuen Anfang. Der Weg zur Hölle ist mit guten Vorsätzen gepflastert.

Wie finden wir einen neuen Anfang? Unser Text berichtet zunächst von einem offenbar für Jesus Christus begeisterten jungen Mann, der vielleicht schon lange auf die Gelegenheit gewartet hatte, seiner Begeisterung Ausdruck zu geben. Jetzt kommt Jesus in die Stadt, der Begeisterte eilt ihm entgegen, tritt ihm in den Weg: Ich will dir folgen, wo du hingehst. Er selbst will den Anfang machen, er bietet sich an, in glühender Hingabe meint er, für diesen Mann alles tun, alles lassen zu können. Aber Jesus wehrt ab. Ihm ist diese Begeisterung verdächtig. Weißt du auch, was du tust? Weißt du auch, wer ich bin? Weißt du auch, wohin mein Weg dich führen würde? Weißt du auch, daß man sich mir nicht aus Begeisterung an den Hals wirft, sondern daß ich festen unerschütterlichen Glauben brauche, der sich allein an meinen Ruf hält? Habe ich dich gerufen? Kommst du allein auf meinen Ruf? Du willst von neuem anfangen, du Begeisterter, bedenke, was du tust, bedenke, mit wem du es wagst, bedenke, daß es von der Begeisterung zur Verlegenheit nur ein Schritt ist!

Den Zweiten in unserer Geschichte ruft Jesus selbst an; der lebt ganz im Vergangenen, hängt irgendeinem großen Schmerz nach, den er nicht vergessen kann, hat keine Zukunftsfreudigkeit mehr; er möchte in der Welt der Toten, im Vergangenen dahindämmern. Den ruft Christus heraus. Er zögert, er will noch einmal zurück. »Laß die Toten ihre Toten begraben« – laß das Vergangene dahinten, werde frei – jetzt oder nie. Christus ruft dich zu neuem Anfang, auf ihn allein wage es – aber nun gleich, heute noch, Christus zieht weiter – geh mit ihm, auf seinen Ruf, jetzt!

Der Dritte wäre wohl gern mitgegangen. Er meint es

ernst, und eben darum kann er ja wohl seinem Anerbieten, Jesus nachzufolgen, eine kleine Bedingung anhängen. »Erlaube mir zuvor …« Ich will ja gewiß, aber, nicht wahr, du verstehst Herr, noch dieses und jenes »zuvor«. Nein, er versteht nicht, will nicht verstehen. »Wer seine Hand an den Pflug legt …«; nicht zurück, aber auch nicht in unübersehbare Fernen schaut der Mann, der den Pflug führt, sondern auf den nächsten Schritt, den er tun muß. Rückblicke sind keine christliche Sache. Laß dahinten Angst, Kummer, Schuld. Du aber sieh auf den, der dir einen neuen Anfang gegeben. Über ihm vergißt du alles.

Das nächste Jahr wird kein Jahr ohne Angst, Schuld, Not sein. Aber – daß es in aller Schuld, Angst, Not ein Jahr mit Christus sei, daß unserm Anfang mit Christus eine Geschichte mit Christus folge, die ja nichts ist als ein tägliches Anfangen mit ihm – darauf kommt es an.

Gott,
du hast es mit mir angefangen.
Du hast mir nachgestellt,
hast mich nicht loslassen wollen,
bist mir immer wieder hier und dort
plötzlich in den Weg getreten,
hast mich verlockt und betört,
hast mir mein Herz gefügt
und willig gemacht,
hast zu mir geredet
von deiner Sehnsucht
und ewigen Liebe,
von deiner Treue und Stärke;
als ich Kraft suchte,
stärktest du mich,
als ich Halt suchte,
hieltest du mich,
als ich Vergebung suchte,
vergabst du mir die Schuld.
Ich hatte nicht gewollt,
aber du überwandest meinen Willen,
meinen Widerstand, mein Herz.
Herr,
du hast mich überredet
und ich habe mich überreden lassen.
Du bist mir zu stark geworden
und hast gewonnen.

Epiphanias

Kein Priester, kein Theologe stand an der Krippe von Bethlehem. Und doch hat alle christliche Theologie ihren Ursprung in dem Wunder aller Wunder, daß Gott Mensch wurde.
Wenn es die Weihnachtszeit nicht vermag, in uns wieder so etwas wie eine Liebe zur heiligen Theologie zu entzünden, daß wir, gefangen und bezwungen von dem Wunder der Krippe des Gottessohnes, den Geheimnissen Gottes andächtig nachdenken müssen, – dann wird es wohl so sein, daß die Glut der göttlichen Geheimnisse auch für unser Herz schon erloschen und erstorben ist.

Die seltsame Unbestimmtheit, die über dem Epiphaniasfest liegt, ist so alt wie das Fest selbst. Es steht fest, daß, längst bevor Weihnachten gefeiert wurde, Epiphanias in den Kirchen des Morgen- und Abendlandes als höchster Festtag der winterlichen Jahreshälfte galt. Die Ursprünge sind dunkel. Gewiß ist, daß von jeher vier verschiedene Ereignisse an diesem Tag Gegenstand des Gedenkens waren: die Geburt Christi (Matthäus 1, 18–25; Lukas 2, 1–21), die Taufe Christi (Markus 1, 9–11), die Hochzeit zu Kana (Johannes 2, 1–11) und die Ankunft der Magier aus dem Morgenland (Matthäus 2, 1–12). [...] Wie dem auch sei, die Kirche hat seit dem 4. Jahrhundert die Geburt Christi festlich am 25. Dezember gefeiert und sie aus dem Epiphaniasfest herausgelöst. Rom hat ferner die Wasserweihe, die mit der Taufe im Zusammenhang stand, auf den Sonnabend vor Ostern verschoben, die Hochzeit zu Kana wurde in die spätere Festzeit verlegt, so daß allein die Anbetung Christi durch die Weisen aus dem Morgenland, die »Erscheinung des Sternes vor den Heiden« in den Mittelpunkt des Epiphaniasfestes trat. Dennoch zeigen die Liturgien der abendländischen Kirchen, daß auch hier der ursprüngliche Festgehalt nicht ganz verloren ging. So ist eine gewisse Unbestimmtheit über dem Epiphaniasfest geblieben. Es bedeutet angesichts des kirchengeschichtlichen Befundes eine dogmatische und pädagogische Vereinfachung, wenn wir heute sagen, Epiphanias sei das Fest der Erscheinung der Gottheit Jesu Christi vor der Welt. Doch läßt sich in der Tat

der Festgehalt auf diese oder eine ähnliche Formel bringen.
Die Ablösung der Feier der Geburt Christi vom Tauftag Christi war von großer Bedeutung. Es hatte sich in gnostischen und häretischen Kreisen des Ostens der Gedanke gebildet, daß der Tauftag eigentlich erst der Geburtstag Christi als des Sohnes Gottes sei. Dazu hatte man nachträglich eine gekünstelte Berechnung angestellt, dergemäß Jesus gerade an seinem Tauftag 30 Jahre alt geworden sei. Das gibt uns Anlaß, einen Augenblick über das Verhältnis von Geburt und Taufe Jesu Christi nachzudenken. Es war in der alten Christenheit üblich geworden, so bezeugt es noch Augustin, statt des eigenen Geburtstages den Tag der Wiedergeburt, der Taufe, festlich zu begehen. Es lag nun nahe, dementsprechend mit dem Tauftag Jesu zu verfahren und ihn als das Hauptfest auszugeben. Darin aber lag die Möglichkeit eines gefährlichen Irrtums beschlossen, nämlich einer Mißachtung der Fleischwerdung Gottes. Die Geburt Jesu ist ja nicht der natürliche Anfang eines menschlichen Lebens dem die geistliche Wiedergeburt erst hätte folgen müssen, sondern die Geburt Jesu ist die Fleischwerdung des Sohnes Gottes zum Heil alles Fleisches. [...] Hätte Gott nur den Menschen Jesus in der Taufe als seinen Sohn angenommen, so blieben wir unerlöst; dann wäre Jesus zwar der unerreichbar Einzige, der Übermensch, der für sich die Seligkeit errang, aber er hätte uns andern nicht helfen können. Ist aber Jesus der Sohn Gottes, der von seiner Empfängnis und Geburt an unser eigenes Fleisch

und Blut angenommen hat und trägt, dann allein ist er wahrer Mensch und wahrer Gott; dann allein kann er uns helfen; dann aber hat uns in seiner Geburt wirklich »die rettende Stunde geschlagen«, dann ist die Geburt Christi das Heil aller Menschen; dann ist gerade die Fleischwerdung des Sohnes Gottes der Tag, der unsere Wiedergeburt ermöglicht. Christi Geburt und unsere Wiedergeburt, das gehört zueinander, aber nicht Christi Taufe und unsere Taufe. Das wirft nun ein Licht auf die Bedeutung der Taufe Jesu. Ist sie nicht der Tag der Adoption des Gottessohnes, was ist sie dann? Wenn Jesus die Taufe begehrt, dann tut er es im Unterschied zu allen anderen Menschen als der allein Gute, Sündlose, der Vergebung nicht Bedürftige. Als der Gute aber begehrt er die Taufe, obwohl er ihrer für sich selbst nicht bedarf, um derer willen, die ihrer bedürfen, um der Sünder willen. Gerade als der allein Gute läßt er sich nicht von den Sündern trennen, wird er nicht zum Pharisäer, der das Gute für sich selbst haben will. Die Sündlosigkeit, das Gutsein Jesu bezeugt sich gerade in seiner unbedingten Liebe zu den Sündern. Nicht aus Reue, sondern aus Liebe geht Jesus zur Taufe und tritt so an die Seite der Sünder. Wenn Johannes ihm die Taufe verweigern will, so darum, weil er hier nicht begreift, was Jesus tut (Matthäus 3, 13–17). Die Taufe ist Jesu Selbsterniedrigung um der Sünder willen, er wird als der Sündlose zum Sünder um seiner Brüder willen. Nirgends in der ganzen Schrift findet sich eine Andeutung dafür, daß Jesus die Taufe um seiner selbst willen gebraucht habe, vielmehr ist überall gerade das Gegenteil nachdrücklich bezeugt. Jesus begehrt die Taufe allein als der, dessen Güte in der Gemeinschaft mit den Sündern besteht; so unterzieht er sich der Taufe: »denn es gebührt uns, daß wir die ganze Gerechtigkeit erfüllen« (Matthäus 3, 15). Diese »ganze« Gerechtigkeit aber ist nicht eine selbstsüchtige Heiligkeit, sondern die vollkommene Liebe zu den Menschen, zu den Sündern. Es ist dieser Augenblick der Verbindung des Sohnes Gottes mit den Sündern in der Taufe, in dem ihm (und den Umstehenden, vgl. Johannes 1, 31 ff. und Matthäus 3, 17 von seinem himmlischen Vater bestätigt wird, daß er sein lieber Sohn *ist*. Als der Sünderheiland wird Jesus als der, der er von Anfang an war, nämlich als der Sohn Gottes, proklamiert. Die Taufe ist eine Bestätigung dessen, was Jesus von Gott her ist. Sie bringt nichts Neues zu seinem Sein hinzu, aber sie bringt etwas entscheidend Neues in sein Tun, indem Jesus von nun an vor aller Welt als der handelt, der er von Ewigkeit her ist.

Die Erscheinung Jesu als Gottessohn, wie sie am Epiphaniastag zum Gedächtnis der Taufe Jesu gefeiert wird, ist die Erscheinung in der Niedrigkeit, in der Gleichheit der Sünder. Der Zöllner und Sünder Geselle (Matthäus 11, 19), das ist der Sohn Gottes, dessen Erscheinung wir liebhaben sollen.

Nicht anders steht es mit den beiden andern Inhalten des Epiphaniasfestes, der Erscheinung des Sternes bei den Weisen und der Hochzeit zu Kana. Der Stern ist kein Zeichen, das aller Welt sichtbar die Geburt des Königs der Juden angezeigt hätte. Er muß erkannt und

geglaubt werden. Herodes hat ihn nicht gesehen. Er ging unter den Heiden auf und rief sie nach Jerusalem. Darum ist Epiphanias in besonderer Weise das Fest der Heidenchristenheit, »unser Fest«.
Aber auch die heidnischen Weisen hätten den Weg nicht gefunden ohne die Weisung der Heiligen Schrift (Matthäus 2, 4–6). Dem wunderbaren Ruf durch den Stern folgt der Ruf zum Glauben an die Verheißung Gottes in der Schrift. Sonst hätten sie im Kinde in Bethlehem den König nicht erkannt und geehrt. Erscheinung der Gottheit Jesu Christ gibt es auch hier nur als Ruf zum Glauben an das arme Kind in der Krippe.
Die Hochzeit zu Kana berichtet von dem »ersten Zeichen, das Jesus tat« (Johannes 2, 11) zur Offenbarung seiner Herrlichkeit, einem höchst wunderbaren und für unsere Begriffe fast unnötigen Zeichen seiner göttlichen Herrlichkeit angesichts eines so geringen Anlasses. Aber das Entscheidende ist, daß auch dieses Zeichen der göttlichen Macht Jesu verborgen bleibt vor den Gästen, dem Speisemeister, dem Bräutigam der Hochzeit, daß es vielmehr allein dem Glauben der Jünger dient. Jesus will sich nicht durch magische Wunder die Anerkennung als Sohn Gottes erzwingen, sondern er will als solcher geglaubt sein. »Seine Jünger glaubten an ihn.« Die Herrlichkeit Jesu ist verborgen in seiner Niedrigkeit und wird allein im Glauben geschaut.
Hier schließt sich der Inhalt des Epiphaniasfestes doch wieder eng mit der Weihnachtsgeschichte zusammen, so daß es verständlich wird, daß der Epiphaniastag einst

zugleich die Erscheinung dessen war, der »keine Gestalt noch Schöne hatte« (Jesaja 53, 2).
Damit weist Epiphanias auf die Zeit hin, die nun im Kirchenjahr folgt, auf die Passion. Mit gutem Sinn ist der letzte Predigttext der Epiphanienzeit die Verklärung Jesu auf dem Wege nach Jerusalem (s. Seite 53).

Das Weihnachtszeugnis für alle Menschen lautet:
Ihr seid angenommen.
Seht auf die Krippe!
In dem Leib des Kindleins,
in dem fleischgewordenen Sohn Gottes
ist euer Fleisch,
ist alle eure Not, Angst, Anfechtung,
ja, alle eure Sünde getragen,
vergeben, geheiligt.
Weil Weihnachten die leibhaftige Annahme
alles menschlichen Fleisches
durch den gnädigen Gott ist,
darum muß es heißen:
Gottes Sohn nahm menschliche Natur an.

Passionszeit

Zum zweiten Mal erlebe ich die Passionszeit hier [im Gefängnis]. Ich wehre mich innerlich dagegen, wenn ich in Briefen [...] Wendungen lese, die von meinem »Leiden« sprechen. Mir kommt das wie eine Profanierung vor. Man darf diese Dinge nicht dramatisieren. Ob ich mehr »leide« als Du oder als die meisten Menschen heute überhaupt, ist mir mehr als fraglich. Natürlich ist vieles scheußlich, aber wo ist es das nicht? Vielleicht haben wir an diesem Punkt überhaupt manches zu wichtig und feierlich genommen. Ich habe mich früher manchmal darüber gewundert, wie lautlos die Katholiken über diese Fälle hinweggehen. Sollte das aber doch vielleicht die größere Kraft sein? Vielleicht wissen sie aus ihrer Geschichte besser, was wirklich Leiden und Martyrium ist, und schweigen zu geringfügigen Belästigungen und Hemmungen. Ich glaube z. B., daß zum »Leiden« entscheidend auch das körperliche Leiden hinzugehört, wirkliche Schmerzen usw. Wir betonen so gern das seelische Leiden; gerade dieses aber sollte uns Christus abgenommen haben und ich finde im Neuen Testament oder auch in den altchristlichen Märtyrerakten nichts davon. Es ist doch wohl ein großer Unterschied, ob die »Kirche leidet« oder ob einem ihrer Diener dieses oder jenes widerfährt. Ich glaube, hier muß manches korrigiert werden; ja, offen gestanden, ich schäme mich manchmal fast, wie viel wir von unseren eigenen Leiden gesprochen haben. Nein, Leiden muß etwas ganz anderes sein, eine ganz andere Dimension haben, als was ich bisher erlebt habe.

Und der Teufel führte ihn auf einen hohen Berg, und zeigete ihm alle Reiche der ganzen Welt in einem Augenblick, und sprach zu ihm: Diese Macht will ich dir alle geben und ihre Herrlichkeit; denn sie ist mir übergeben, und ich gebe sie, welchem ich will. So Du nun mich willst anbeten, so soll es alles dein sein.
Jesus antwortete ihm und sprach: Es stehet geschrieben: »Du sollst Gott, deinen Herrn, anbeten, und ihm allein dienen.«
(Lukas 4, 5–8)

Wir sind in die Passionszeit eingetreten und wir müssen wieder einmal alle unsere Gedanken zusammennehmen, um zu verstehen, was das bedeutet. Christus am Kreuz – das war die Verkündigung, mit der Paulus ausgezogen war. Das war sein Gott. Das war der Gott, für den die ersten Märtyrer starben. Es war der Gott, den Luther wiederentdeckte. Und es ist derselbe Gott, den wir Heutigen im Begriffe sind, wieder neu zu begreifen; oder besser, von dem wir Heutigen wieder neu ergriffen sind. Christus am Kreuz, Christus der verborgene König des verborgenen Reiches – das ist die Botschaft der evangelischen Kirche. Christus der offenbare König eines sichtbaren Reiches – das ist die Botschaft der katholischen Kirche. Also es ist wichtig, daß wir verstehen, um was es in der Passionszeit geht. Christi Passionszeit beginnt nicht erst in der Leidenswoche, sondern mit dem ersten Tage seiner Predigt. Sein Verzicht auf das Reich als ein Reich dieser Welt ist nicht erst in Golgatha, sondern von Anfang an vollbracht. Und diesen Gedanken soll unsere Erzählung Ausdruck geben. Jesus hätte Herr der Welt sein können. Er hätte als der erträumte Messias der Juden Israel befreien und zu Ruhm und Ehre führen können. Er hätte als der sichtbare König dieser Welt seinen Einzug halten können. Ein merkwürdiger Mann, dem noch vor Beginn seines Wirkens die Herrschaft über die Welt angeboten wird. Und noch merkwürdiger dadurch, daß er dieses Angebot ausschlägt. Also es ist einfach wahr und nicht nur biblisch gemeint, daß Jesus der herrlichste und mächtigste aller Könige dieser Welt hätte werden können. Man hätte ihn verehrt, man hätte es ihm geglaubt, wenn er es dann gewagt hätte zu sagen, daß er der Sohn Gottes sei. Man hat es ja sogar den römischen Imperatoren geglaubt. Dann wäre wirklich die Welt christlich geworden. Sie hätte Christus zu ihrem König gehabt. Sie hätte den gehabt, auf den man so lange gewartet hatte. Den, dessen Macht über die ganze Erde geht, der ein Friedensreich auf der Erde aufrichtet. Also – das alles hätte Jesus haben können. Es durchzuckt ihn, daß er nun von einem hohen Berge einen Augenblick alle Reiche der Welt übersieht und weiß, daß er ihr Herr sein könnte. Aber er weiß auch, daß er für diese Herrschaft einen Preis zahlen muß, der ihm zu hoch ist. Es geht auf Kosten seines Gehorsams gegen Gottes Willen. Er muß sich vor dem Teufel neigen, vor ihm in die Knie sinken, ihn anbeten. Das heißt, er wäre ein Knecht geworden und wäre nicht mehr der Freie. Er wäre ein Knecht der eigenen Ehrsucht; ein Knecht der Menschen, die ihn so wollen. Er aber bleibt der freie

Sohn Gottes und erkennt den Teufel, der ihn knechten will. […]

Jesus weiß, was das heißt. Es heißt Niedrigkeit, Schmähung, Verfolgung, heißt unverstanden bleiben, heißt Haß, Tod, Kreuz. Und er wählt diesen Weg von Anfang an. Es ist der Weg des Gehorsams und der Weg der Freiheit. Denn es ist der Weg Gottes. Und darum ist es auch der Weg der Liebe zu den Menschen. Jeder andere Weg, auch wenn er den Menschen besser gefiele, wäre ein Weg des Hasses und der Verachtung gegen die Menschen. Denn es wäre nicht der Weg Gottes. Und um dieser Erkenntnis willen sagt Jesus auch hier dem Teufel ab. Weil es der Weg Gottes durch die Welt ist, darum wählt er von Anfang an den Weg zum Kreuz. Und wir gehen mit ihm, als Einzelne wie als Kirche. Wir sind Kirche unter dem Kreuz, d. h. in der Verhüllung. Aber auch hier können wir nichts anderes tun als zu wissen, daß auch unser Reich nicht von dieser Welt ist.

Und nach sechs Tagen nahm Jesus zu sich Petrus und Jakobus und Johannes, seinen Bruder, und führte sie beiseits auf einen hohen Berg. Und er ward verklärt vor ihnen, und sein Angesicht leuchtete wie die Sonne, und seine Kleider wurden weiß wie ein Licht. Und siehe, da erschienen ihnen Mose und Elia; die redeten mit ihm. Petrus aber antwortete und sprach zu Jesus: Herr, hier ist gut sein! Willst du, so wollen wir hier drei Hütten machen: dir eine, Mose eine und Elia eine. Da er noch also redete, siehe, da überschattete sie eine lichte Wolke. Und siehe, eine Stimme aus der Wolke sprach: Dies ist mein lieber Sohn, an welchem ich Wohlgefallen habe: den sollt ihr hören! Da das die Jünger hörten, fielen sie auf ihr Angesicht und erschraken sehr. Jesus aber trat zu ihnen, rührte sie an und sprach: Stehet auf und fürchtet euch nicht! Da sie aber ihre Augen aufhoben, sahen sie niemand denn Jesum allein. Und da sie vom Berge herabgingen, gebot ihnen Jesus und sprach: Ihr sollt dies Gesicht niemand sagen, bis des Menschen Sohn von den Toten auferstanden ist.
(Matthäus 17, 1–9)

1. Bevor Jesus seine Jünger mit sich ins Leiden führt, in die Demütigung und Schande, in Verachtung, nimmt er sie zu sich und zeigt sich ihnen als der Herr der Herrlichkeit Gottes. Bevor die Jünger mit Jesus hinab müssen in den Abgrund menschlicher Schuld, Bosheit und Hasses, führt Jesus sie hinauf auf einen hohen Berg, von dem ihnen Hilfe kommen soll (Psalm 121, 1). Bevor das Angesicht Jesu geschlagen und bespeit, bevor sein

Kleid zerrissen und blutbefleckt sein wird, sollen die Jünger ihn sehen in seinem göttlichen Glanz. Sein Angesicht leuchtet wie das Angesicht Gottes und Licht ist sein Kleid, das er anhat (Psalm 104, 2). Es ist eine große Gnade, daß dieselben Jünger, die in Gethsemane das Leiden Jesu miterleben sollen, ihn sehen können als den verklärten Sohn Gottes, als den Ewigen Gott. So gehen die Jünger im Wissen um die Auferstehung zum Kreuz. Sie sind darin *uns ganz* gleich. In diesem Wissen sollen wir das Kreuz ertragen können.

2. Neben dem verklärten Jesus stehen Mose und Elia: Gesetz und Prophetie geben ihm die Ehre. Sie reden mit ihm. Lukas sagt: »von seinem Ausgang« – was sollen sie reden als ihr Christuszeugnis wiederholen und erkennen, daß es hier wahr und wirklich geworden ist? Sie reden zusammen vom Kreuz, von den Geheimnissen Gottes. Altes und Neues Testament begegnen sich im Licht der Verklärung und reden zusammen. Die Verheißung ist nun Erfüllung. Es ist alles am Ende.

3. Dies Ende dürfen die Jünger sehen. Aber es ist Jesus, der es sie sehen läßt. Nun greifen sie selbst danach und wollen es bewahren. Sie wollen in der Welt der Verklärung bleiben, sie wollen nicht mehr zurück in die wirkliche Welt des Todes. Sie wollen in der Welt der sichtbaren Herrlichkeit Jesu, der sichtbaren Macht Jesu, der sichtbaren Erfüllung der Verheißung bleiben, sie wollen im Schauen bleiben und nicht mehr zurück ins Glauben. So geht es uns, wenn wir von der Auferstehung hören. Wir wollen nicht mehr zurück. Wir wollen Jesus als den sichtbar Auferstandenen, den herrlichen, verklärten

Jesus, seine sichtbare Macht und Herrlichkeit, und wir wollen nicht mehr zurück zum Kreuz, ins Glauben gegen den Augenschein, ins Leiden auf Glauben hin … gut sein … laßt uns Hütten bauen.
4. Dies wird den Jüngern verwehrt. Die Herrlichkeit Gottes kommt ganz nahe in der lichten Wolke der Gegenwart Gottes und die Stimme des Vaters spricht: *Dies ist mein lieber Sohn*, den sollt ihr *hören*. Hören sollen sie ihn, gehorchen sollen sie ihm. Und damit sie das können, dazu ist ihnen diese Herrlichkeit gezeigt. Damit wir dem Herrn Jesus gehorchen im Leben, dazu ist die Botschaft von der Auferstehung da. Es gibt hier kein Genießen der sichtbaren Herrlichkeit, es gibt kein Verweilen. Wer den verklärten Jesus erkennt, wer Jesus als Gott erkennt, der soll ihn sogleich auch wieder als den gekreuzigten Menschen erkennen, und ihn hören, ihm gehorchen. Luthers Christusvision – »der gekreuzigte Herr!«.
5. Da erschrecken die Jünger. Sie begreifen, worum es geht. Sie waren ja noch in der Welt. Sie konnten solche Herrlichkeit ja nicht ertragen. Sie haben sich an der Herrlichkeit Gottes versündigt. Da tritt Jesus zu ihnen, rührt sie an. Er ist ihr Herr. Er ist der lebende Herr. Er hält sich zu ihnen. Er führt sie zurück in die Welt, in der er und sie noch leben müssen.
6. Darum muß jetzt das eben geschaute Bild der Herrlichkeit versinken. »Und sie sahen niemand, denn Jesus allein« – wie sie ihn kannten, ihren Herrn, den Menschen Jesus von Nazareth. An ihn waren sie nun gewiesen. Ihn sollten sie hören, ihm gehorchen, ihm folgen. Sie wissen um den Auferstandenen, aber sie sehen nur

noch den Menschen, den leidenden, zum Kreuz gehenden. Ihm sollen sie glauben, ihn hören, ihm folgen. Sie sind zurückgeworfen auf den Leidensweg. Sie gehen ihn nun mit größerer Gewißheit, sie können ihn nun im Glauben gehen, weil sie von der Auferstehung wissen. Aber noch leben sie nicht in der Welt des Auferstandenen, sondern in der Welt des Kreuzes. Da gilt es *hören, glauben, folgen.*

7. Was damals geschah, blieb ein Geheimnis bis zum Tag der Auferstehung. Es war ein tröstliches Geheimnis für die, die mit nach Gethsemane, mit ins Leiden mußten. Aber selbst ihnen zerbrach der Glaube. Das Gesicht auf dem Berge Tabor war vergessen als sie die Schmach Jesu auf Golgatha sahen. Der Glaube zerbrach. Aber der Tag der Auferstehung kam und ihr Glaube wurde ihnen wiedergeschenkt. Nun erkannten sie in dem Auferstandenen den Gekreuzigten und im Gekreuzigten den Auferstandenen, nun erkennen wir in Gott den Menschen Jesus, den wir hören und dem wir folgen sollen, und im Menschen Jesus den Sohn Gottes, der uns seine Herrlichkeit schauen lassen will.

Siehe, die Stunde ist hier, daß des Menschen Sohn in der Sünder Hände überantwortet wird. Stehet auf, laßt uns gehen! Siehe, er ist da, der mich verrät! Und als er noch redete, siehe, da kam Judas, der Zwölfe einer, und mit ihm eine große Schar mit Schwertern und mit Stangen, von den Hohenpriestern und Ältesten des Volks. Und der Verräter hatte ihnen ein Zeichen gegeben und gesagt: Welchen ich küssen werde, der ist's; den greifet!
Und alsbald trat er zu Jesu und sprach: Gegrüßet seist du, Rabbi! und küßte ihn. Jesus aber sprach zu ihm: Mein Freund, warum bist du gekommen? da traten sie hinzu und legten die Hände an Jesum und griffen ihn.
(Matthäus 26.45b–50)

Ein Geheimnis hatte Jesus seinen Jüngern bis zum letzten Abendmahl verborgen. Zwar hatte er sie nicht im Unklaren gelassen über seinen Leidensweg. Zwar hatte er ihnen dreimal bezeugt, daß des Menschen Sohn überantwortet werden muß in die Hände der Sünder. Aber das tiefste Geheimnis hatte er ihnen noch nicht offenbart. Erst in der Stunde letzter Gemeinschaft beim heiligen Abendmahl konnte er es ihnen sagen: Des Menschen Sohn wird überantwortet in die Hände der Sünder – durch Verrat. Einer unter euch wird mich verraten (Matthäus 26, 20–25).
Die Feinde allein können keine Macht über ihn gewinnen. Es gehört ein Freund dazu, ein nächster Freund, der ihn preisgibt, ein Jünger, der ihn verrät. Nicht von außen geschieht das Furchtbarste, sondern von innen.
Der Weg Jesu nach Golgatha nimmt seinen Anfang im

Jüngerverrat. Die einen schlafen jenen unbegreiflichen Schlaf in Gethsemane (Matthäus 26, 40), einer verrät ihn, zum Schluß »verließen ihn alle Jünger und flohen« (Matthäus 26, 56).

Die Nacht von Gethsemane vollendet sich. *»Siehe, die Stunde ist hier«* – jene Stunde, die Jesus vorhergesagt hatte, von der die Jünger seit langem wußten, und vor deren Eintreten sie bebten, jene Stunde, auf die sich Jesus so ganz bereitet und für die die Jünger so ganz und gar unbereitet waren, die Stunde, die nun mit keinem Mittel der Welt mehr hinauszuschieben war – »Siehe, die Stunde ist hier, *daß des Menschen Sohn in der Sünder Hände überantwortet wird.*«

»Überantwortet« sagt Jesus, das heißt, es ist nicht die Welt, die über ihn Macht gewinnt, sondern jetzt wird Jesus von den Seinen selbst ausgeliefert, preisgegeben, aufgegeben. Der Schutz wird ihm aufgesagt. Man will sich nicht weiter mit ihm belasten: Laßt ihn den Andern. Das ist es, Jesus wird weggeworfen, die schützenden Hände der Freunde sinken. Mögen nun die Hände der Sünder mit ihm tun, was sie wollen. Mögen sie ihn antasten, deren unheilige Hände ihn nie berühren durften. Mögen sie mit ihm spielen, ihn verspotten und schlagen. Wir können nichts mehr daran ändern. Das heißt Jesus überantworten: nicht mehr für ihn eintreten, ihn dem Spott und der Macht der Öffentlichkeit preisgeben, die Welt mit ihm umgehen lassen nach ihrem Mutwillen, nicht mehr zu ihm stehen. Jesus wird von den Seinen der Welt ausgeliefert. Das ist sein Tod.

Jesus weiß, was ihm bevorsteht. In Festigkeit und Entschlossenheit ruft er seine Jünger auf: *»Stehet auf, laßt uns gehen.«* Oftmals hatten die drohenden Feinde vor ihm zurückweichen müssen, er war frei durch ihre Mitte hindurchgeschritten, ihre Hände sanken (Lukas 4, 28–30; Johannes 18, 4–6). Damals war seine Stunde noch nicht gekommen. Jetzt ist die Stunde hier. Jetzt geht er ihr in freiem Entschluß entgegen. Und damit kein Zweifel mehr sei, damit es unzweideutig klar sei, daß die Stunde da ist, in der er überantwortet wird, sagt er: *»Siehe, er ist da, der mich verrät.«* Kein Blick fällt auf die große Schar, die heranzieht, auf die Schwerter und Stangen der Feinde. Die hätten keine Macht! Jesu Blick trifft allein den, der diese Stunde der Finsternis heraufgeführt hat. Auch seine Jünger sollen wissen, wo der Feind steht. Einen Augenblick liegt alles, liegt Heils- und Weltgeschichte in den Händen des einen – des Verräters. Siehe, er ist da, der mich verrät – und in der Nacht erkennen die Jünger schaudernd in ihm – Judas, den Jünger, den Bruder, den Freund. Schaudernd – denn als Jesus am Abend derselben Nacht zu ihnen gesagt hatte: Einer von euch wird mich verraten, hatte keiner gewagt, den andern zu beschuldigen. Keiner konnte diese Tat dem andern zutrauen. Darum mußte ein jeder fragen: Herr, bin ich's? Herr, bin ich's (Matthäus 26, 22)? Eher noch war das eigene Herz solcher Tat fähig, als der andere, der Bruder. *»Und als er noch redete, siehe, da kam Judas der Zwölfe einer, und mit ihm eine große Schar, mit Schwertern und mit Stangen.«* Jetzt sehen wir nur noch zwei, um die es hier geht. Die Jünger und die Häscher treten zurück, sie beide tun ihr Werk schlecht. Nur zwei tun ihr Werk so, wie sie es tun mußten. Jesus und Judas. Wer ist Judas? das ist die Frage. Es ist eine der ganz alten und grüblerischen Fragen der Christenheit. Halten wir uns zunächst an das, was der Evangelist uns selbst dazu sagt: *Judas, der Zwölfe einer.* Ob wir etwas spüren von dem Grauen, mit dem der Evangelist dieses kleine Satzteilchen geschrieben hat? Judas, der Zwölfe einer – was war hier mehr zu sagen? und war hiermit nicht auch wirklich alles gesagt? das ganze dunkle Geheimnis des Judas und zugleich das tiefste Entsetzen vor seiner Tat. Judas, der Zwölfe einer, das heißt doch: es war unmöglich, daß dies geschah, es war ganz unmöglich, und es geschah doch. Nein, hier ist nichts mehr zu erklären und zu verstehen. Es ist ganz und gar unerklärlich, unbegreiflich, es bleibt ganz und gar Rätsel – und doch geschah die Tat. Judas, der Zwölfe einer, das heißt ja nicht nur: er war einer, der Tag und Nacht um Jesus war, einer der Jesus nachgefolgt war, der es sich etwas hatte kosten lassen, der alles verlassen hatte, um mit Jesus zu sein, ein Bruder, ein Freund, ein Vertrauter des Petrus, des Johannes, des Herren selbst. Es hieß ja noch etwas viel Unbegreiflicheres: Jesus selbst hatte Judas berufen und erwählt! Das ist das eigentliche Geheimnis, denn Jesus wußte, wer ihn verraten würde, von Anfang an. Bei Johannes sagt Jesus: Habe ich nicht euch Zwölf erwählt, und euer einer ist der Teufel (Johannes 6, 70). Judas der Zwölfe einer – dabei muß ja nun der Leser nicht nur auf Judas, sondern vielmehr in großer Bestürzung auf den Herren schauen, der ihn erwählte. Und die er erwählte, die hat er geliebt. Er hat ihnen Anteil gegeben an seinem

ganzen Leben, an dem Geheimnis seiner Person, er hat sie in gleicher Weise ausgesandt zur Predigt des Evangeliums. Er hat ihnen die Vollmacht der Teufelsaustreibung und Heilung gegeben – und Judas war mitten unter ihnen (Matthäus 10, 1–8). Nirgends eine Andeutung davon, daß Jesus den Judas im Geheimen gehaßt hätte.
Nein, Judas schien durch sein Amt, den Beutel der Jünger zu verwalten, noch ausgezeichnet vor den andern.
Zwar sagt Johannes einmal, Judas sei ein Dieb gewesen (Johannes 12, 6). Aber sollte das nicht nur eine dunkle Andeutung dafür sein, daß Judas ein Dieb war an Jesus, daß er Jesus stahl, was ihm nicht zukam und es der Welt preisgab? Und sind nicht auch die 30 Silberlinge nur ein Zeichen dafür, wie gemein und gering die Gabe der Welt ist für den, der die Gabe Jesu kennt? Und doch wußte Jesus von Anfang an, wer ihn verraten würde!
Ja, Johannes weiß noch von einem überaus geheimnisvollen Zeichen der Verhundenheit Jesu mit Judas zu berichten. In der Nacht des Abendmahls reicht Jesus dem Judas einen eingetauchten Bissen, und mit diesem Zeichen höchster Gemeinschaft fährt der Satan in Judas.
Darauf spricht Jesus halb bittend, halb befehlend zu Judas: Was du tust, das tue bald (Johannes 13, 26–30).
Kein anderer begriff, was hier vorging. Es blieb alles zwischen Jesus und Judas.
Judas, der Zwölfe einer, von Jesus erwählt, von Jesus in seine Gemeinschaft gezogen, geliebt – heißt dies, daß Jesus auch seinem Verräter seine ganze Liebe zeigen und erweisen will? Heißt es, daß er auch wissen soll, daß es an Jesus im Grunde gar nichts zu verraten gibt?

Heißt es auch dies, daß Jesus in tiefer Liebe den Willen Gottes liebt, der sich in seinem Leidensweg vollzieht, daß er auch den liebt, durch dessen Verrat der Weg frei wird, ja, der nun Jesu Geschick für einen Augenblick in seiner Hand trägt? Heißt es, daß er ihn liebt als den Vollstrecker des göttlichen Willens und doch weiß: Wehe dem, durch welchen es geschieht (Matthäus 26, 24)? Es ist ein großes, unerforschliches Geheimnis – Judas, der Zwölfe einer.

Aber es ist ja auch ein Geheimnis von der Seite des Judas her. Was will Judas bei Jesus? Es muß dieses sein, daß der Böse vom Unschuldigen, vom Reinen nicht loskommt. Er haßt ihn, und indem er doch nicht von ihm lassen kann, liebt er ihn eben auch mit der dunklen, leidenschaftlichen Liebe, mit der auch der Böse, der Teufel, noch um seinen Ursprung in Gott, im Reinen weiß. Der Böse will der Jünger des Guten sein. Der Böse ist der leidenschaftlichste Jünger des Guten – bis er ihn verrät. Der Böse weiß, daß er Gott dienen muß, und liebt Gott um seiner Macht willen, die er selbst nicht hat, und hat doch nur den einen Drang, über Gott Macht zu gewinnen. So ist er der Jünger und muß seinen Herrn doch verraten. Jesus erwählt den Judas, Judas kann nicht von Jesus lassen. Jesus und Judas gehören zusammen von Anfang an. Keiner läßt den andern los. Und nun sehen wir dies an der Geschichte selbst: Jesus und Judas verbunden durch einen Kuß. Hört das Ungeheuerliche: *»Und der Verräter hatte ihnen ein Zeichen gegeben und gesagt: Welchen ich küssen werde, der ist's; den greifet! Und alsbald trat er zu Jesu und* *sprach: Gegrüßet seist du, Rabbi! und küßte ihn. Jesus aber sprach zu ihm: Mein Freund, warum bist du gekommen? da traten sie hinzu und legten die Hände an Jesum und griffen ihn.«* Und: *»Judas, verrätst du des Menschen Sohn durch einen Kuß?«* Noch einmal packt uns die Frage: Wer ist Judas, der des Menschen Sohn mit einem Kuß verrät? Es ist gewiß oberflächlich zu sagen, der Kuß sei eben die übliche Begrüßungsform gewesen. Dieser Kuß war mehr als das! Dieser Kuß war die Vollendung des Weges des Judas, der tiefste Ausdruck für die Gemeinschaft und für die abgrundtiefe Trennung zwischen Jesus und Judas.

»Mein Freund warum bist du gekommen?« Hört ihr, wie Jesus den Judas noch liebt, wie er ihn noch in dieser Stunde seinen Freund nennt? Jesus will den Judas noch jetzt nicht loslassen. Er läßt sich von ihm küssen. Er stößt ihn nicht zurück. Nein, Judas muß ihn küssen. Seine Gemeinschaft mit Jesus muß sich vollenden. Warum bist du gekommen? Jesus weiß es wohl, warum Judas gekommen ist und dennoch: Warum bist du gekommen? Und: Judas, verrätst du des Menschen Sohn mit einem Kuß? Ein letzter Ausdruck der Jüngertreue, vereint mit Verrat. Ein letztes Zeichen der leidenschaftlichen Liebe, gepaart mit dem viel leidenschaftlicheren Haß. Ein letzter Genuß an einer unterwürfigen Geste, im Bewußtsein der Übermacht des davongetragenen Sieges über Jesus. Ein bis ins tiefste hinein entzweites Tun, dieser Judaskuß! *Von Christus nicht lassen können, und ihn doch preisgeben.* Judas, verrätst du des Menschen Sohn mit einem Kuß? Wer ist Judas? Sollten wir

hier nicht auch des Namens gedenken, den er trug? »Judas«, steht er nicht hier für das im tiefsten entzweite Volk, aus dem Jesus stammte, für das erwählte Volk, das die Verheißung des Messias empfangen hatte und ihn doch verwarf? für das Volk Juda, das den Messias liebte, und doch so nicht lieben konnte? »Judas« – sein Name heißt verdeutscht »Dank«.

War dieser Kuß nicht der Jesus dargebrachte Dank des entzweiten Volkes des Jüngers und doch zugleich die ewige Absage (Römer 11, 1 f. 11–16.25–32)? Wer ist Judas, wer ist der Verräter? Sollten wir angesichts dieser Frage etwas anderes tun können, als mit den Jüngern sprechen: Herr, bin ich's, bin ich's?

»Da traten sie hinzu und legten die Hände an Jesum und griffen ihn.« »Ich bin's, ich sollte büßen an Händen und an Füßen, gebunden in der Höll'. Die Geißel und die Banden, und was Du ausgestanden, das hat verdienet meine Seel'.« Laßt uns noch das letzte Ende ansehen! Zu derselben Stunde, als Jesus Christus sein Erlösungsleiden am Kreuz in Golgatha vollbringt, ist Judas hingegangen und hat sich erhängt, hat sich in fruchtloser Reue selbst verdammt (Matthäus 27, 3–5). Furchtbare Gemeinschaft!

Die Christenheit hat in Judas immer wieder das dunkle Geheimnis der göttlichen Verwerfung und ewigen Verdammung gesehen. Sie hat mit Schrecken den Ernst und das Gericht Gottes an dem Verräter erkannt und bezeugt. Sie hat aber gerade darum nie mit Stolz und Überheblichkeit auf ihn gesehen, sondern sie hat in Zittern und Erkenntnis der eigenen übergroßen Sünde gesungen: O du armer Judas, was hast du getan! So wollen auch wir heute nichts anderes sagen als dies: O du armer Judas, was hast du getan! und wollen Zuflucht nehmen zu dem, der um unserer aller Sünde willen am Kreuz gehangen und uns die Erlösung vollbracht hat.

Wir stehen vor Karfreitag und Ostern,
den Tagen der übermächtigen Taten Gottes
in der Geschichte;
der Taten, in denen Gericht und Gnade Gottes
aller Welt sichtbar wurden:
Gericht in jenen Stunden,
in denen Jesus Christus,
der Herr, am Kreuz hing.
Gnade in jener Stunde,
als der Tod verschlungen wurde in den Sieg.
Nicht die Menschen haben hier etwas getan.
Nein, Gott allein hat's getan.
Er ist den Weg zu den Menschen gegangen
in unendlicher Liebe. Er hat gerichtet,
was menschlich ist.
Und er hat Gnade geschenkt
jenseits von Verdienst.

Karfreitag

Es ist das Befreiende von Karfreitag und Ostern, daß die Gedanken weit über das persönliche Geschick hinausgerissen werden zum letzten Sinn alles Lebens, Leidens und Geschehens überhaupt und daß man eine große Hoffnung faßt.

In Jesus Christus glauben wir den menschgewordenen, gekreuzigten und auferstandenen Gott. In der Menschwerdung erkennen wir die Liebe Gottes zu seiner Kreatur, in der Kreuzigung das Gericht Gottes über alles Fleisch, in der Auferstehung den Willen Gottes zu einer neuen Welt. Nichts wäre nun verkehrter als diese drei Stücke auseinanderzureißen; denn in jedem von ihnen ist das Ganze enthalten. So unsachgemäß es ist, eine Theologie der Menschwerdung, eine Theologie des Kreuzes oder eine Theologie der Auferstehung gegeneinander aufzurichten durch falsche Absolutsetzung eines dieser Teile, so falsch ist dieses Vorgehen auch für das Denken über das christliche Leben. Eine allein auf der Menschwerdung aufgebaute christliche Ethik würde leicht zu der Kompromißlösung führen, eine allein auf Kreuz oder Auferstehung Jesu Christi aufgebaute Ethik würde dem Radikalismus und der Schwärmerei verfallen. Nur in der Einheit löst sich der Widerstreit.
Jesus Christus, der Mensch, das bedeutet, daß Gott in die geschaffene Wirklichkeit eingeht, daß wir vor Gott Menschen sein dürfen und sollen. Die Zerstörung des Menschseins ist Sünde, und wird so zum Hindernis für Gott, den Menschen zu erlösen. Dennoch bedeutet das Menschsein Jesu Christ; nicht einfach die Bestätigung der bestehenden Welt und des menschlichen Wesens. Jesus war Mensch »ohne Sünde« (Hebräer 4, 15); das ist das Entscheidende. Unter den Menschen aber lebte Jesus in tiefster Armut, ehelos und starb als Verbrecher. So enthält das Menschsein Jesu schon eine doppelte Verurteilung des Menschen, die absolute Verurteilung

der Sünde und die relative Verurteilung der bestehenden menschlichen Ordnungen. Unter Einschluß dieser Verurteilung aber ist Jesus wirklich Mensch und will, daß wir Menschen seien. Er läßt die menschliche Wirklichkeit, ohne sie zu verselbständigen und ohne sie zu zerstören, als Vorletztes bestehen, als Vorletztes, das in seiner Weise ernstgenommen und nicht ernstgenommen werden will, als Vorletztes, das zur Hülle des Letzten geworden ist.
Jesus Christus, der Gekreuzigte, das bedeutet, daß Gott der gefallenen Schöpfung ihr endgültiges Urteil spricht. In der Verwerfung Gottes am Kreuz Jesu Christi, ist die Verwerfung des Menschengeschlechts ohne Ausnahme eingeschlossen. Das Kreuz Jesu ist das Todesurteil über die Welt. Hier kann sich der Mensch nicht seines Menschseins und die Welt nicht ihrer göttlichen Ordnungen rühmen. Hier ist die Menschenherrlichkeit im Bilde des zerschlagenen, blutenden, bespeiten Angesichts des Gekreuzigten zu ihrem letzten Ende gekommen. Dennoch bedeutet die Kreuzigung Jesu nicht einfach Vernichtung der Schöpfung; sondern unter diesem Todeszeichen des Kreuzes sollen nun die Menschen weiterleben, sich zum Gericht, wenn sie es verachten, sich zum Heil aber, wenn sie es gelten lassen. Das letzte ist im Kreuz wirklich geworden als das Gericht über alles Vorletzte, zugleich aber als Gnade für das Vorletzte, das sich dem Gericht des Letzten beugt.
Jesus Christus, der Auferstandene, das bedeutet, daß Gott aus Liebe und Allmacht dem Tod ein Ende macht und eine neue Schöpfung ins Leben ruft, neues Leben

schenkt. »Das Alte ist vergangen« (2 Korinther 5, 17). »Siehe ich mache alles neu« (Offenbarung 21, 5). Auferstehung ist schon mitten in der alten Welt angebrochen als letztes Zeichen ihres Endes und ihrer Zukunft, und zugleich als lebendige Wirklichkeit. Jesus ist als Mensch auferstanden, so hat er dem Menschen die Auferstehung geschenkt. So bleibt der Mensch Mensch, obwohl er ein neuer auferstandener, dem alten in keiner Weise gleicher Mensch ist. Aber freilich bis zur Grenze seines Todes bleibt er, der mit Christus schon auferstanden ist, in der Welt des Vorletzten, in die Jesus einging und in der das Kreuz steht. So hebt auch die Auferstehung, solange die Erde steht, das Vorletzte nicht auf, aber das ewige Leben, das neue Leben bricht immer mächtiger in das irdische Leben ein und schafft sich in ihm seinen Raum. Menschwerdung, Kreuz und Auferstehung mögen in ihrer Einheit und in ihrer Unterschiedenheit deutlich geworden sein. Christliches Leben ist Leben mit dem menschgewordenen, gekreuzigten und auferstandenen Jesus Christus, dessen Wort als ganzes uns in der Botschaft von der Rechtfertigung des Sünders aus Gnaden begegnet. Christliches Leben heißt Menschsein inkraft der Menschwerdung, heißt gerichtet und begnadigt sein inkraft des Kreuzes, heißt ein neues Leben leben in der Kraft der Auferstehung. Eines ist nicht ohne das andere.

Es war alles so gekommen, wie es kommen mußte.
In Erniedrigung, Schmach und Schande
war die Liebe Gottes auf der Erde erschienen,
am Kreuze schlug Gottes Zorn seinen eigenen Sohn
für die Schlechtigkeit der Welt,
oder die Schlechtigkeit der Welt
hatte den Sohn ans Kreuz geschlagen.
Wir wollen heute am Karfreitag nicht gleich daran denken,
daß mit Ostern
den Dingen eine neue Wendung gegeben wurde.
Wir wollen daran denken,
wie die Jünger
mit dem Tode Jesu alle Hoffnung zerschlagen sahen.
Zerstreut voneinander, in hoffnungsloser Traurigkeit
grübelten sie dem nach, was geschehen war.
Nur wenn wir den Tod Jesu
genauso ernst nehmen können wie sie,
verstehen wir recht,
was die Auferstehungsbotschaft zu bringen vermag.

Ostern

Die christliche Auferstehungshoffnung unterscheidet sich von der mythologischen darin, daß sie den Menschen in ganz neuer und gegenüber dem Alten Testament noch verschärfter Weise an sein Leben auf der Erde verweist. Der Christ hat nicht wie die Gläubigen der Erlösungsmythen aus den irdischen Aufgaben und Schwierigkeiten immer noch eine letzte Ausflucht ins Ewige, sondern er muß das irdische Leben wie Christus (»mein Gott, warum hast Du mich verlassen?«) ganz auskosten und nur indem er das tut, ist der Gekreuzigte und Auferstandene bei ihm und ist er mit Christus gekreuzigt und auferstanden. Das Diesseits darf nicht vorzeitig aufgehoben werden. Darin bleiben Neues und Altes Testament verbunden. Erlösungsmythen entstehen aus den menschlichen Grenzerfahrungen. Christus aber faßt den Menschen in der Mitte seines Lebens.

Ist Christus aber nicht auferstanden, so ist euer Glaube eitel, so seid ihr noch in euren Sünden.
(1. Korinther 15, 17)

Ein gefährlicher Ostertext. Denn wenn wir ihn uns genau ansehen, uns von ihm beeindrucken lassen, so könnte es sein, daß er uns um unsere ganze Osterfreude bringt und so scheint es, als schicke es sich nicht an Ostern von so ernsten, so gefährlichen Dingen zu reden. Und doch – es gibt unter den christlichen Festen nicht Eines, das uns nicht, wenn wir es ganz ernst nehmen, bedrohlich ansieht, daß es uns angst und weh wird im Herzen; unsere ganze Existenz und unser gesamtes geistiges Sein wird angegriffen und vor Gericht gezogen, vor die Entscheidung gestellt; von der Weihnachtsbotschaft nicht anders, wie von der Ostergeschichte. Nur dann aber, wenn wir den Angriff immer von neuem aufs tiefste auf uns wirken lassen, können wir seiner Herr werden und etwas von der eigentlichen Osterfreude, – die alles andere ist als Sentimentalität, – verspüren.
Ist Christus nicht auferstanden, dann ist unser Glaube eitel, das heißt weiter, dann leben wir noch in Schuld gegen Gott, das heißt zuletzt wir sind die elendesten Menschen auf der Erde. Mit anderen Worten ist Christus nicht auferstanden, dann ist der Stützpunkt, der unser Leben trägt, hinweggezogen und alles bricht zusammen; unser Leben verfällt der Sinnlosigkeit. Alles Reden von göttlichen Dingen ist illusorisch, alle Hoffnung Luftgespinst. An Ostern hängt unser Leben, sagt uns Paulus. Was haben wir dazu zu sagen?

Jedem von uns ist Ostern, seit er ein Kind ist, mit der Freude über den kommenden Frühling, mit all dem Glück, das uns die warme Sonne ins Herz legt ein Fest geworden, das ihm ans Herz gewachsen ist, an dem er hängt mit mancherlei freundlichen Erinnerungen, von denen er sich nicht trennen möchte. Wer von uns möchte auch nur um einen Frühling seines Lebens ärmer sein? Aber sagen, daß an diesem Osterfest sein ganzes Leben hängt, daß seine Existenz bedroht ist, wenn es Ostern nicht gäbe, – wer unter uns möchte oder könnte das? Paulus aber hat das gesagt. Und da er sich diese Frage ein wenig gründlicher überlegt hat, als wir zu tun pflegen, dürfen wir annehmen, daß hinter einem solchen Satz auch ein gewisser Sinn steht, dem nachzudenken es sich vielleicht verlohnt. »Ist Christus nicht auferstanden, so ist euer Glaube eitel.«

Es wird demnach offenbar alles darauf ankommen, daß wir recht verstehen, was Paulus mit dem Wort »auferstanden« meint. Was heißt Auferstehung und was kann sie für uns bedeuten. Das sind die alten Osterfragen, um deren Beantwortung zu ringen wir nun einmal nicht herum kommen, ohne eine Gedankenlosigkeit zu begehen. Es ist die überwältigende Tatsache des immer sich erneuernden Frühlings gewesen, die die Menschheit in aller Welt etwas ahnen ließ von einem Urkampf zwischen Finsternis und Licht, in dem nach hartem Ringen das Licht den Sieg davonträgt – aus dem dunklen Winter ist es Frühling geworden; jedes Jahr erneuert sich das ungeheure Schauspiel der Natur und weckt in der Menschheit eine Ahnung von einer Auferstehungshoffnung; alles Dunkel muß endlich hell werden. Das ist ein Gesetz der Natur, ja, das Dunkel ist ja garnicht eigentlich ein Wesen für sich; es besteht ja nur darin, daß das Licht nicht da ist, ein Strahl der Sonne vernichtet es. Und die Sonne kommt, kommt ganz gewiß, und mit ihr die Auferstehung der Natur. Im Tode der Natur liegen schon die Keime des Lebens. Der Tod ist ja garnicht eigentlich Tod, sondern eine Epoche des Lebens, das keimhaft weiter besteht in den scheinbar erstarrten Körpern. Das Leben und das Licht muß siegen und Tod und Dunkel sind nur dessen Erscheinungsformen. Solche Gedanken sind Gemeingut und Urgut der Menschheit bis in ihr primitivstes geistiges Leben hinein und solche Gedanken sind es, auf die sich unser modernisierter Osterglaube zurückzieht und dabei ja nicht einmal sieht, daß das Christentum über Ostern ganz andere Dinge zu sagen hat.

Nicht um einen Kampf von Dunkel und Licht, der schließlich doch dem Licht den Sieg bringen muß, weil das Dunkel ja eigentlich ein Nichts ist, weil der Tod ja schon Leben ist; nicht um einen Kampf von Winter und Frühling, von Eis und Sonne handelt es sich Ostern, sondern um den Kampf der schuldigen Menschheit gegen die göttliche Liebe, besser: der göttlichen Liebe gegen die schuldige Menschheit; einen Kampf, in dem Gott zu unterliegen scheint am Karfreitag und in dem er grade, indem er unterliegt, – siegt – an Ostern. Siegt Gott – oder siegt Prometheus[1]? Das ist die Frage, die an Ostern

1 Prometheus, der Titan der griechischen Mythologie, der vor dem Höchsten Gott Zeus die menschliche Kultur vertritt und um ihretwillen Gott betrügen muß.

durch eine Machttat Gottes beantwortet wird. Der Karfreitag ist nicht das Dunkel, das dem Licht unbedingt weichen muß. Er ist nicht der Winterschlaf, der die Keime des Lebens in sich verbirgt und nährt, es ist der Tag an dem der menschgewordene Gott, die persongewordene Liebe umgebracht wird von den Menschen, die zu Göttern werden wollen, an dem der Heilige Gottes, d. h. Gott selbst, stirbt, wirklich stirbt – aus eigenem Willen und doch aus Schuld der Menschen – ohne daß ein Keim des Lebens in ihm bliebe, sodaß sein Tod dem Schlaf gliche. Der Karfreitag ist nicht wie der Winter ein Übergangsstadium – nein er ist wirklich Ende, Ende der schuldigen Menschheit und letztes Gericht, das sie sich selbst gesprochen hat. Und hier kann nur eines helfen, die Machttat Gottes aus seiner Ewigkeit heraus unter der Menschheit. Nicht ein immanentes das heißt innerweltliches, sondern ein transzendentes das heißt überweltliches Geschehen ist Ostern, ein Eingriff Gottes aus der Ewigkeit, kraft dessen er sich zu seinem Heiligen bekennt, ihn vom Tode auferweckt. Nicht von Unsterblichkeit ist Ostern die Rede, sondern von Auferstehung, Auferstehung vom Tode, der wirklich ein Tod ist mit allen Schrecken und Furchtbarkeiten, ein Tod des Körpers und der Seele, des ganzen Menschen, kraft Gottes Machttat. Das ist Osterbotschaft. Nicht von göttlichen Keinem im Menschen, die wie in der Natur immer wieder Auferstehung feiern, sondern von der Schuld der Menschen und vom Tod, aber auch von der Liebe Gottes und dem Tod des Todes ist Ostern die Rede, von der ewigen Machttat Gottes, nicht von immanenten Gesetzen der Natur.

tes Liebe lebt. Das genügt uns. Über das »wie« können wir grübeln. An dem »daß« wird es nichts ändern.
Lebt aber Gott – nun so lebt die Liebe trotz des Kreuzes, dann leben wir nicht mehr in der Schuld, dann hat Gott uns ja vergeben. Er hat sich zu Jesus bekannt, Jesus aber hat sich zu uns bekannt. Lebt Jesus, dann bekommt unser Glaube neuen Sinn. Dann sind wir die seligsten aller Menschen. Ein Ja Gottes zur schuldigen Menschheit, ein neuer Sinn für all unser Tun – das ist Ostern.
Nicht »der große Pan ist tot«, sondern Gott lebt und mit ihm wir. Das ist Ostern. Nicht Gottverlassenheit – sondern Gottesfülle, nicht der Mensch und sein titanischer Sieg über die Gottheit, sondern Gott und sein machtvoller Sieg über die Menschheit, über Tod und Schuld und Empörung, das ist Ostern.
Aber es ist noch eins. Ganz zart und heimlich wächst uns am Ostertag eine Hoffnung zu. »Hoffen wir allein in diesem Leben …« sagt Paulus (1 Korinther 15, 19).
Ostern ist Gottes Eingriff aus der Ewigkeit, sagten wir.
Ostern ist Vorspiel allerletzter, unaussprechlicher Dinge.
Dinge, die einst geschehen werden, wenn's der Vollendung entgegen geht. Dinge, von denen wir nur in Bildern und Gleichnissen reden können. Nicht nur heute geht uns Ostern etwas an – nein, es offenbart uns die ganze Herrlichkeit und Macht Gottes. Gott ist der Herr des Todes, nicht nur Jesu Christi, sondern auch meines und deines Todes. Wie aber Gott in unsagbarer Machtfülle Jesus auferweckt hat, so wird er auch sein heiliges Volk aus dem Tod zum Leben führen. Dahin richtet sich heute unser hoffnungsvoller Blick.

Wo aber erkannt wird,
daß die Macht des Todes gebrochen ist,
wo das Wunder der Auferstehung und des neuen Lebens
mitten in die Todeswelt hineinleuchtet,
dort verlangt man vom Leben keine Ewigkeiten,
dort nimmt man vom Leben,
was es gibt,
nicht Alles oder Nichts,
sondern Gutes und Böses,
Wichtiges und Unwichtiges,
Freude und Schmerz,
dort hält man das Leben nicht krampfhaft fest,
aber man wirft es auch nicht leichtsinnig fort,
dort begnügt man sich mit der bemessenen Zeit
und spricht nicht irdischen Dingen Ewigkeit zu,
dort läßt man dem Tod das begrenzte Recht,
das er noch hat.
Den neuen Menschen und die neue Welt
aber erwartet man allein von jenseits des Todes her,
von der Macht,
die den Tod überwunden hat.
Der auferstandene Christus
trägt die neue Menschheit in sich,
das letzte herrliche Ja Gottes
zum neuen Menschen.

Himmelfahrt

Die Zeit zwischen Ostern und Himmelfahrt habe ich seit langem besonders geliebt. Auch hier geht es ja um eine große Spannung. Wie sollen Menschen wohl irdische Spannung aushalten, wenn sie von der Spannung zwischen Himmel und Erde nichts wissen?

Wenn nun offenbart wird Jesus Christus, welchen ihr nicht gesehen und doch lieb habt und nun an ihn glaubet, wiewohl ihr ihn nicht sehet, und werdet euch freuen mit unaussprechlicher und herrlicher Freude und das Ende eures Glaubens davonbringen, nämlich der Seelen Seligkeit.
(1. Petrus 1, 7–9)

Jesus meine Freude – so haben wir gesungen, und so mit aufrichtigem Herzen sprechen zu können, ist der Sinn eines mit Christus geführten Lebens. Wem dieser Klang ganz fremd ist, oder wer in ihm nichts als weichliche Schwärmerei hört, der hat das Evangelium überhaupt noch nicht gehört. Jesus Christus den Menschen zugute ein Mensch geworden im Stall zu Bethlehem – freue dich, oh Christenheit. Jesus Christus den Sündern ein Geselle geworden unter Zöllnern und Dirnen – freue dich, oh Christenheit. Jesus Christus den Gerichteten zugute ein Gerichteter geworden am Kreuz zu Golgatha – freue dich, oh Christenheit. Jesus Christus uns allen zugute zum Leben erstanden – freue dich, oh Christenheit. Jesus Christus – seiner Gemeinde zugute von dieser Erde heimgekehrt in sein himmlisches Reich – freue dich, oh Christenheit. Jesus Christus, von Gott gekommen und zu Gott gehend – das ist nicht eine neue Welt von Problemen, von Fragen und Antworten, d. h. nicht ein neues moralisches Gesetz, d. h. nicht eine neue Last zu den Lasten, die der Mensch schon zu tragen hat, es heißt eigentlich und vor allem Gottesfreude in der Welt, Gottesfreude in der nach

Freude hungernden Menschheit angezündet. Tausendfach fragen sie heute: wo ist der Weg zur Freude? Kirche Christi, du weißt es allein, sag es laut: Christus, meine Freude.

Christi Himmelfahrt steht unter einem doppelten Zeichen. Sie ist der Abschied Jesu von seinen Jüngern, von der Welt, die er liebt. Es war ein langer, schwerer Weg, den sie miteinander gegangen waren. Er hat ihnen viel gesagt, – aber nun ist die Stunde da, wo er sie allein lassen muß. Nun müssen sie gehen können, ohne daß sie immer wieder auf ihn sehen. Nun ist das Ende seiner Erdenzeit da. Ein letztes Stück Weg legen sie miteinander zurück – dann ist der letzte Augenblick gekommen, er legt segnend seine Hand auf sie, und dann ist er ihren Blicken entnommen. Sie sind allein. Der Vorhang ist gefallen. Er ist von der argen Welt zu seinem himmlischen Vater eingegangen. Herr, erbarme dich unser. – Freue dich, oh Christenheit, er ist zum Vater heimgekehrt, er bereitet dir die Wohnung, die Heimat in seinem Reich, er wird dich heimholen zu seiner Zeit (Johannes 14, 2 f.). Warte nur … und freue dich. Er wird wiederkommen.

Aber wie kann der Verlassene sich freuen, wie kann der Verwaiste sich trösten, wie kann der, den das Heimweh zerreißt, fröhlich sein? Du verlassene, verwaiste Kirche, du Kirche, die du Heimweh trägst nach Jesus Christus und nach seiner und deiner Himmelfahrt, freue dich, denn du darfst den lieben, den du nicht siehst, du darfst an den glauben, den die Augen nicht fassen können. Und deine Liebe und deinen Glauben kann dir kein

Mensch nehmen. Es ist unsere Kirche, die Kirche zwischen Christi Himmelfahrt und seiner Wiederkunft, von der unser Text sagt: welchen ihr nicht gesehen und doch lieb habt und nun an ihn glaubet, wiewohl ihr ihn nicht sehet. Es ist die Kirche, die allein im Warten, allein im Glauben steht, und allein im Glauben ihre Freude hat. Herr, lehre du diese Kirche, die dich nicht sieht, die rechte Christusfreude. Ohne Freude keine Kirche. Von der Christusfreude laßt uns heute reden. Luther hat einmal ungefähr so gesagt: Da er auf Erden war, war er uns fern, seit er im Himmel ist, ist er uns nah. Was heißt das? Es heißt, daß er nun nicht mehr der König der Juden, sondern der König aller Welt geworden ist; es heißt, daß er vom Himmel her sein ganzes Reich regiert und seiner ganzen Gemeinde, die über alle Welt unter Juden und Heiden verstreut ist, unsichtbar nah und gegenwärtig ist. Er ist uns nah in seiner Kirche, in seinem Wort, in seinem Sakrament, in der brüderlichen Liebe. Hier tröstet er uns Verlassene, hier stillt er immer neu unser Heimweh, hier macht er uns in unserer Gottesferne, in unserer Öde und Leere, in unserer Weglosigkeit, in unserem Alleinsein seiner Christusnähe froh. […]
Himmelfahrtsfreude – man muß innerlich sehr still geworden sein, um den leisen Klang dieses Wortes überhaupt zu hören. Freude lebt von der Stille und von der Unbegreiflichkeit. In der Tat, begreiflich ist diese Freude nicht. Aber das Begreifliche macht nie Freude, es ist das Unbegreifliche und doch Wahre, Wirkliche, Lebendige, an dem Freude sich entzündet. Darum ist rechte

Freude selbst immer etwas Unbegreifliches, sowohl für die andren als auch für den, der sie empfindet. Freude ist einfach da, Himmelfahrtsfreude ist einfach da, wo in der Kirche von Christi Erhöhung über alle Welt und von seiner Wiederkunft geredet wird, wo er selbst seiner freudig wartenden Gemeinde im Sakrament begegnet. Sie ist da, nicht laut, sondern verhalten, die Welt macht ihr Angst, die Sünde macht ihr Angst, – aber sie ist da als die himmlische Freude der Knechte, die des Nachts wachen und Ausschau halten bei brennenden Kerzen, bis ihr lieber Herr heimkommt (Lukas 12, 35–40). Alle Christusfreude in dieser Welt ist ja Vorfreude – und wer wird seine Vorfreude laut verraten? Und doch welche Freude ist stärker als die Vorfreude?

Vorfreude – in welcher Erwartung denn? In der Erwartung der letzten Dinge. Denn der himmlische Herr, der Hunger und Durst seiner verlangenden Gemeinde im Sakrament im Glauben stillt, der Herr, den wir nicht sehen, aber dennoch lieb haben, er wird wiederkommen. Der Vorhang öffnet sich. Wir werden ihn sehen von Angesicht zu Angesicht (1 Korinther 13, 12). Er wird noch einmal auf diese Erde, in der wir Fremdlinge sind, kommen, und er wird die Heimatlosen, die in der Kirche im Glauben auf Gottes neues Land gehofft haben, in die Heimat des himmlischen Vaters führen. »Wenn aber offenbaret wird Jesus Christus, den ihr nicht gesehen und doch lieb habt, dann werdet ihr euch freuen mit unaussprechlicher und herrlicher Freude und das Ende eures Glaubens davontragen, nämlich eurer Seelen Seligkeit.« Dann ist die Zeit der wartenden Kirche vorbei, dann ist das Ende der Zeit des Glaubens gekommen; dann ist Freude nicht mehr gehüllt in verhaltene Angst; dann ist die Zeit der Erfüllung, dann ist die Zeit ewigen Schauens, dann ist die Seligkeit angebrochen. Dann wird er hervortreten [...] und seine Kirche wird in heiliger Freude vor ihm niederfallen. »Dann werdet ihr euch freuen mit unaussprechlicher und herrlicher Freude.« Dann wird die Welt, dann wird die Kirche zerfallen, und Jesus selbst unsere Freude sein. Wir haben hier keine bleibende Stadt, sondern die zukünftige suchen wir (Hebräer 13, 14). Himmelfahrt Christi – der Vorhang fällt, die Kirche des Glaubens wartet, das Sakrament ist ihre Freude – Wiederkunft Christi – der Himmel tut sich auf. Die Heimat ist da, der Durst ist gestillt – die Gemeinde der Seligen schaut das unbegreifliche Geheimnis – Jesus Christus, Gott selbst ist ihre Freude. Noch sind wir Fremdlinge, zwischen Himmelfahrt und Wiederkunft auf der Wanderschaft in langem, bangem Warten – aber die Erlösten des Herrn werden kommen mit Jauchzen, und ewige Freude wird über ihrem Haupte sein (Jesaja 35, 10). Freue dich, oh Christenheit.

Christus hat den Himmel eingenommen,
nun ist er zur Rechten Gottes erhöht
über Raum und Zeit,
nun ist er der Allmächtige und Allgegenwärtige,
der sein Reich kommen lassen will,
nun hat er alle Gewalt im Himmel und auf Erden.
Es bleibt sein Wort,
nichts als sein Wort,
bis zu der Stunde,
da er wiederkommt,
sein Zeugnis.

Pfingsten

Pfingsten 1943.14.VI.

Liebe Eltern!
Nun feiern wir also auch Pfingsten noch getrennt, und es ist doch in besonderer Weise ein Fest der Gemeinschaft. Als die Glocken heute früh läuteten, hatte ich große Sehnsucht nach einem Gottesdienst, aber dann habe ich es gemacht wie Johannes auf Patmos (Offenbarung 1, 9 f.) und für mich allein einen so schönen Gottesdienst gehalten, daß die Einsamkeit garnicht zu spüren war, so sehr wart Ihr alle, alle dabei und auch die Gemeinden, in denen ich Pfingsten schon gefeiert habe. Das P[aul] Gerhardt'sche Pfingstlied mit den schönen Versen: »Du bist ein Geist der Freude ...« und »Gib Freudigkeit und Stärke ...« sage ich mir seit gestern Abend alle paar Stunden auf und freue mich daran, dazu die Worte: »der ist nicht stark, der nicht fest ist in der Not« (Sprüche 24, 10) und »Gott hat uns nicht gegeben den Geist der Furcht, sondern der Kraft und der Liebe und der Besonnenheit« (2 Timotheus 1, 7). Die seltsame Geschichte, vom »Sprachenwunder« hat mich auch wieder sehr beschäftigt. Daß die babylonische Sprachenverwirrung, durch die die Menschen einander nicht mehr verstehen können, weil jeder seine eigene Sprache spricht, ein Ende

haben und überwunden sein soll durch die Sprache Gottes, die jeder Mensch versteht und durch die allein die Menschen sich auch untereinander wieder verstehen können, und daß die Kirche der Ort sein soll, an dem das geschieht, das sind doch alles sehr große und wichtige Gedanken. [...]
Es ist wieder völlige Stille im Haus, nur die Schritte der in ihren Zellen auf und ab gehenden Gefangenen hört man, und wieviel trostlose und unpfingstliche Gedanken mögen da mit herumgetragen werden. Wenn ich Gefängnispfarrer wäre, dann würde ich an solchen Tagen von frühmorgens bis abends durch die Zellen gehen; da würde sich manches ereignen. [...]
Es ist Pfingstmontag. Eben setze ich mich, um Rüben und Kartoffeln zu Mittag zu essen, da wird völlig unerwartet Euer Pfingstpäckchen abgegeben, das Renate gebracht hat. Es ist wirklich nicht zu beschreiben, wie einen so etwas freut. Bei aller Gewißheit der geistigen Verbindung zwischen Euch allen und mir, hat der Geist doch offenbar immer ein ungestilltes Verlangen nach Sichtbarmachung dieser Verbindung der Liebe und des Gedenkens, und die materiellsten Dinge werden dann Träger geistiger Realitäten. Ich glaube, das ist etwas Analoges zu dem Verlangen aller Religionen nach dem Sichtbarwerden des Geistes im Sakrament.

Da ich ihre Wege ansah, heile ich sie
und gab ihnen wieder Trost.
(Jesaja 57, 18)

Heilen, leiten, trösten – das ist Gottes Tun an Pfingsten. Gott sieht unsere Wege an; es ist Gnade, wenn er das tut; er kann uns auch unsrer Wege gehen lassen, ohne sie anzusehen. Aber er hat sie angesehen – und er sah uns verwundet, verirrt, verängstigt.

Nun ist er dabei uns zu heilen. Er berührt die Wunden, die uns die Vergangenheit geschlagen hat, und sie vernarben, sie tun nicht mehr weh, sie können unserer Seele nicht mehr schaden. Erinnerungen quälen uns nicht mehr, alle Schmerzen versinken ins Nichts, in Vergessenheit, wie in der Nähe eines geliebten Menschen. Gott ist uns näher als das Vergangene.

Gott will uns leiten. Nicht alle Wege der Menschen sind Gottes Führung; wir können oft lange auf eigenen Wegen gehen: auf ihnen sind wir ein Spielball des Zufalls, ob er uns Glück oder Unglück bringt. Die eigenen Wege führen im Kreise immer zu uns selbst zurück. Aber wenn Gott unsere Wege leitet, dann führen sie zu ihm. Gottes Wege führen zu Gott. Gott leitet uns durch Glück und Unglück – immer nur zu Gott. Daran erkennen wir Gottes Wege.

Gott will uns trösten. Gott tröstet nur, wenn Grund genug dafür vorhanden ist, wenn Menschen nicht aus noch ein wissen, wenn die Sinnlosigkeit des Lebens sie ängstigt. Die Welt, wie sie in Wirklichkeit ist, macht uns immer Angst (Johannes 16, 33b). Aber wer getröstet

wird, sieht und hat mehr als die Welt, er hat das Leben mit Gott. Nichts ist zerstört, verloren, sinnlos, wenn Gott tröstet.
»Ich heilte, ich leitete, ich tröstete – da ich ihre Wege ansah,« – hat Gott es nicht unzählige Male in unserm Leben getan? Hat er nicht die Seinen oftmals durch große Not und Gefahr geführt?
Wie heilt, wie leitet, wie tröstet Gott? Allein dadurch, daß er eine Stimme in uns gibt, die sagt, betet, ruft, schreit: »lieber Vater!« Das ist der Heilige Geist. Das ist Pfingsten.

Die Gegenwart
ist die verantwortungsvolle Stunde Gottes mit uns,
jede Gegenwart;
heute und morgen,
die Gegenwart
in der ganzen Wirklichkeit und Vielgestaltigkeit;
es gibt in der ganzen Weltgeschichte
immer nur eine wirklich bedeutsame Stunde, –
die Gegenwart.
Wer aus der Gegenwart flieht,
flieht die Stunden Gottes,
wer aus der Zeit flieht,
flieht Gott.
Dienet der Zeit!
Der Herr der Zeiten ist Gott,
der Wendepunkt der Zeiten ist Christus,
der rechte Zeitgeist ist der Heilige Geist.

Trinitatis

Man kann das Evangelium gar nicht handgreiflich genug verstehen und predigen. Eine rechte evangelische Predigt muß so sein, als ob man einem Kind einen schönen roten Apfel hinhält oder einem Durstigen ein Glas frisches Wasser und dann fragt: willst du? So müßten wir von den Dingen unseres Glaubens reden können, daß die Hände sich danach ausstrecken schneller als wie sie füllen können.

Wir reden von der heimlichen, verborgenen Weisheit Gottes, welche Gott verordnet hat vor der Welt zu unsrer Herrlichkeit, welche keiner von den Obersten dieser Welt erkannt hat; denn wo sie die erkannt hätten, hätten sie den Herrn der Herrlichkeit nicht gekreuzigt. Sondern wie geschrieben steht (Jesaja 64, 3): »Was kein Auge gesehen hat und kein Ohr gehört hat und in keines Menschen Herz gekommen ist, was Gott bereitet hat denen, die ihn lieben.« Uns aber hat es Gott offenbart durch seinen Geist; denn der Geist erforscht alle Dinge, auch die Tiefen der Gottheit.
(1. Korinther 2, 7–10)

Die Geheimnislosigkeit unseres modernen Lebens ist unser Verfall und unsere Armut. Ein menschliches Leben ist soviel wert, als es Respekt behält vor dem Geheimnis. Ein Mensch erhält sich soviel vom Kinde in ihm, als er das Geheimnis ehrt. Darum haben die Kinder so offene, erwachende Augen, weil sie wissen, daß sie umgeben sind vom Geheimnis. Sie sind mit dieser Welt noch nicht fertig geworden, sie wissen sich noch nicht so durchzuschlagen und die Geheimnisse zu umgehen, wie wir es wissen. Wir zerstören das Geheimnis, weil wir spüren, daß wir hier an eine Grenze unseres Seins geraten, weil wir über alles verfügen und Herr sein wollen, und eben das können wir mit dem Geheimnis nicht. Das *Geheimnis* ist uns *unheimlich*, weil wir nicht bei ihm *daheim* sind, weil es von einem anderen »Daheimsein« redet als dem unseren. Geheimnislos leben heißt, von dem Geheimnis in unserem eigenen Leben, von dem Geheimnis des anderen Menschen, von dem Geheimnis der Welt nichts wissen, heißt, an den Verborgenheiten unser selbst, des anderen Menschen und der Welt vorüber gehen, heißt, an der Oberfläche bleiben, heißt, die Welt nur so weit ernstnehmen, als sie *verrechnet* und *ausgenutzt* werden kann, hinter die Welt des Rechnens und des Nutzens nicht zurückgehen. Geheimnislos leben heißt, die entscheidenden Vorgänge des Lebens garnicht sehen oder sogar ableugnen. Daß die Wurzeln des Baumes im Dunkel des Erdreiches liegen, daß alles, was im Licht lebt, aus dem Dunkel und der Verborgenheit des Mutterschoßes herkommt, daß auch alle unsere Gedanken, daß unser ganzes geistiges Leben so aus dem verborgenen, heimlichen Dunkel kommt, wie unser Leib, wie alles Leben – das wollen wir nicht wissen. *Daß das Geheimnis die Wurzel alles Begreiflichen und Klaren und Offenbaren ist*, das wollen wir nicht hören. Und wenn wir es hören, so wollen wir diesem Geheimnis zu Leibe, wollen es errechnen und erklären, wollen es sezieren, und der Erfolg ist, daß wir das Leben dabei töten und das Geheimnis nicht entdecken. Das Geheimnis bleibt Geheimnis. Es entzieht sich unserem Zugriff. *Geheimnis heißt nun aber nicht einfach, etwas nicht wisssen.* Nicht der fernste Stern ist das größte Geheimnis, sondern im Gegenteil, je näher uns etwas kommt, je besser wir etwas wissen, desto geheimnisvoller wird es uns. Nicht der fernste Mensch ist uns das größte Geheimnis, sondern gerade der Nächste. Und sein Geheimnis wird uns dadurch nicht geringer, daß wir immer mehr von ihm wissen; sondern in seiner

Nähe wird er uns immer geheimnisvoller. Es ist die letzte Tiefe alles Geheimnisvollen, wenn zwei Menschen einander so nahe kommen, daß sie einander *lieben.* Nirgends in der Welt spürt der Mensch die Macht des Geheimnisses und seine Herrlichkeit so stark wie hier. Wo zwei Menschen alles voneinander wissen, wird das Geheimnis ihrer Liebe zwischen ihnen unendlich groß. Und erst in dieser Liebe verstehen sie einander, wissen sie ganz voneinander, erkennen sie einander ganz, und doch, je mehr sie einander lieben und in der Liebe von einander wissen, je tiefer erkennen sie das Geheimnis ihrer Liebe. Also das Wissen hebt das Geheimnis nicht auf, sondern vertieft es. *Daß* der andere mir so nahe ist, das ist das größte Geheimnis.

Warum sagen wir das alles heute, am Tag, an dem wir von der *Dreieinigkeit* Gottes reden sollen? Wir sagen es, um auf ganz menschliche Weise aufmerksam zu machen auf jenen Begriff, der uns immer wieder verloren gehen will und ohne den es einfach keinen Zutritt gibt zum Verständnis des Gedankens der Dreieinigkeit Gottes – nämlich den Begriff des Geheimnisses.

»Wir reden von der heimlichen, verborgenen Weisheit Gottes …« Gottes Gedanken liegen nicht auf der Hand, sind nicht common sense, Gott läßt sich nicht einfach fassen, wo wir ihn grade fassen wollen, sondern die Kirche redet von der *heimlichen, verborgenen Weisheit Gottes*. Gott lebt im Geheimnis. Sein Sein ist uns Geheimnis, Geheimnis von Ewigkeit her und zu Ewigkeit hin. Geheimnis, weil es von einer Heimat redet, in der wir – noch nicht – daheim sind. Alle Gedanken, die wir über Gott denken, dürfen nie dazu dienen, dies Geheimnis aufzuheben, Gott zu etwas allgemein Begreiflichem, Geheimnislosem zu machen, sondern vielmehr muß alles Denken über Gott nur dazu dienen, sein uns gänzlich überlegenes *Geheimnis* sichtbar zu machen, Gottes heimliche, verborgene Weisheit in ihrer Heimlichkeit und Verborgenheit sichtbar zu machen, sie nicht dieser zu berauben, daß vielleicht durch dies Geheimnis die Heimat sichtbar werde, aus der es kommt. Jedes Dogma der Kirche ist nur Hinweis auf das Geheimnis Gottes. Aber die Welt ist gegen dieses Geheimnis blind. Sie will einen Gott, den sie verrechnen und ausnutzen kann oder sie will gar keinen Gott. Das Geheimnis Gottes bleibt ihr verborgen. Sie will es nicht. Sie macht sich Götter nach ihrem Wunsch, aber den nahen, heimlichen, verborgenen Gott erkennt sie nicht – »Welche keiner von den Obersten dieser Welt erkannt hat –« Die Obersten dieser Welt leben vom Rechnen und vom Nutzen, dadurch werden sie groß in der Welt – aber das Geheimnis begreifen sie nicht; das begreifen ja nur die Kinder. Ein untrügliches Zeichen trägt die Welt, das von ihrer Blindheit gegen das Geheimnis Gottes zeugt: das Kreuz Jesu Christi. Hätten sie ihn erkannt, »so hätten sie den Herrn der Herrlichkeit nicht gekreuzigt.« Das also ist das unerkannte Geheimnis Gottes in dieser Welt: Jesus Christus. Daß dieser Jesus von Nazareth, der Zimmermann, der Herr der Herrlichkeit selbst war, das war das Geheimnis Gottes. Geheimnis darum, weil Gott hier arm, niedrig, gering und schwach wurde aus Liebe zu den Menschen, weil Gott ein Mensch wurde wie wir, damit wir göttlich würden, weil er zu uns kam, damit wir zu ihm kämen. Gott als der um unsertwillen gering wird, *Gott in Jesus von Nazareth – das ist die heimliche, verborgene Weisheit*, … die kein Auge gesehen, kein Ohr gehört und in keines Menschen Herz gekommen ist – Gottes Herrlichkeit in seiner Erniedrigung und Armut, Gottes Ehre in seiner Liebe zu den Menschen – daß Gott dem Menschen nicht fern bleibt, sondern daß er ihm *nahe* kommt und ihn liebt, *Gottes Liebe und Nähe – das ist das Geheimnis Gottes, das er denen bereitet hat, die ihn lieben.* Daß es der eine Gott ist, der Vater und Schöpfer der Welt, der in Jesus Christus uns geliebt hat bis zum Tod, der im Heiligen Geist unser Herz zu ihm auftut, daß wir ihn lieben, daß es nicht drei Götter sind, sondern daß es einer ist, der die Welt vom Anfang bis zum Ende umfängt, schafft und erlöst, und daß er doch jedesmal ganz Gott ist als der Schöpfer und Vater, als Jesus Christus und als der Heilige Geist – das ist *die Tiefe der Gottheit*, die wir *als Geheimnis anbeten und als Geheimnis begreifen.*

Und nun kann all unser Reden hiervon nichts anderes sein, als der Hinweis auf das Geheimnis Gottes, das in seiner Offenbarung in der Niedrigkeit Jesu Christi und in der Gabe seines Heiligen Geistes an alle Welt besteht. Gottes Selbstverherrlichung in der Liebe – das ist sein Geheimnis.

Wenn wir am Anfang des Gottesdienstes sagen: Im Namen Gottes, des Vaters und des Sohnes und des Heiligen Geistes, so rufen wir dies Geheimnis der Liebe Gottes an.

Wenn die Kirche seit Jahrhunderten von dem dreieinigen Gott lehrt, so ist dies gerade alles andere als rationalistische Verhärtung der Religion, sondern es ist nichts anderes als ein dauerndes Hinweisen wollen, durch allerlei Weise auf das Geheimnis des lebendigen Gottes.

Der Sinn der Dreieinigkeitslehre ist ungeheuer einfach, sodaß ihn jedes Kind verstehen kann: es ist *wahrhaftig nur ein* Gott, aber dieser Gott ist die vollkommene Liebe und als solche ist er Jesus Christus und der Heilige Geist. Die Dreieinigkeitslehre ist nichts als der schwache Lobpreis des Menschen auf das Ungestüm der Liebe Gottes, in der er sich selbst verherrlicht und in der er die ganze Welt umfaßt, ist Aufruf zur Anbetung, zur Ehrfurcht, zur Liebe, die sich in Gott versenkt. Dem Vater und dem Sohn und dem Heiligen Geist sei allein die Ehre von nun an bis in Ewigkeit.

Gott Heiliger Geist,
schenke mir Menschen,
mit denen ich im Glauben und Gebet
Gemeinschaft habe,
mit denen ich alles tragen kann,
was mir auferlegt ist.
Dreieiniger Gott,
mache mein Herz fest
und gründe es allein auf dich
und auf deine Hilfe.
Dann ist mir geholfen
und ich will dir danken.

Erntedankfest

Nach der Rückkehr aus den USA im Sommer 1931 sieht Dietrich Bonhoeffer sich im Rahmen seiner verschiedenen Tätigkeiten mit der politischen und wirtschaftlichen Krise am Ende der Weimarer Republik konfrontiert. Wie die erhaltenen Aufzeichnungen und Predigten zeigen, haben ihn die seit 1929 rasch ansteigende Arbeitslosigkeit und die elementaren Ernährungsprobleme in der Bevölkerung in den Jahren 1931/32 stark bedrängt.

Deine Güte ist besser denn Leben.
(Psalm 63, 4)

Zweieinhalb Jahrtausende sind es her, daß fern der Heimat, verzehrt vom Elend des Leibes und der Seele, umgeben von Spöttern und Feinden seines Gottes, der alte jüdische Fromme nachsinnt über die wunderlichen Wege, die Gott mit ihm geht. Es ist kein gemächlich ruhevolles Nachsinnen, sondern es ist ein Kampf, ein Kampf am Rand der Verzweiflung; um das Leben und seinen Sinn, um Gott und seine Treue. Die Stützen des Lebens sind brüchig geworden; wo die Hand Halt zu finden glaubte, faßt sie ins leere Nichts. Gott, wo bist du? Gott, wer bist du? Gott, wer bin ich? Mein Leben zerfällt, stürzt ins Bodenlose, Gott, mir wird angst. Wo bleibt deine Güte? Jedoch, du bist mein Gott und deine Güte ist besser denn mein Leben.

Das ist eines der Worte, die den, der es einmal begriffen hat, nie wieder freigeben. Ein Wort, das nur scheinbar so milde glänzt, das aber innerlich hart ist und Feuer sprüht, ein Wort der Leidenschaft, das erzeugt ist, wo zwei Welten aufeinanderstoßen, die Welt des Menschen und die Welt Gottes; d. h. ein Wort aus der Welt der Bibel und nicht aus der unsrigen. Deine Güte ist besser denn Leben: Das ist der Jubelruf der Elenden und Verlassenen, Mühseligen und Beladenen; der Sehnsuchtsschrei der Kranken und Erdrückten; der Lobgesang der Arbeitslosen und Hungrigen in den Millionenstädten; das Dankgebet der Zöllner und Dirnen, der öffentlichen und heimlichen Sünder. Ja, ist es das wirklich? Nein, es ist es nicht, jedenfalls nicht in unsrer Welt, in unserer Zeit. Es ist es für die wunderliche Welt der Bibel, die uns wieder einmal in ihre ganzen Fremdheit erschreckt und ärgert, soweit wir überhaupt noch auf ihr Wort hinhören und gegen die Wirklichkeit der Bibel nicht schon ganz stumpf geworden sind. Oder scheint uns das Wort vielleicht gar nicht so wunderlich? Meinen wir vielleicht, das sei doch eigentlich eine rechte Selbstverständlichkeit und sehr viel Neues könnten wir daraus eigentlich nicht mehr lernen? Einem Christen seien diese Dinge doch schon ganz in Fleisch und Blut übergegangen? Nun, dann wollen wir uns daranmachen, einmal zu sehen, was unser Psalmdichter hier eigentlich sagt und ob sich das für uns auch wirklich so von selbst versteht. [...]

Es ist heute Erntedankfest und wohl der rechte Augenblick dafür, sich einmal ganz gründlich darauf zu besinnen, was Gottes Güte für uns bedeutet. Unberührt von den quälenden Sorgen und Unruhen unserer Tage arbeitet draußen die Natur. Sie bringt hervor, was die Völker der Erde ernährt. Wenn sie zurückhält, dann sterben Millionen, und wenn sie üppig gibt, so lebt die Menschheit auf. Kein Mensch hat Gewalt über sie. Und vor ihrer Macht verstummt der Mensch und wird klein und erinnert sich an den, der Macht hat über die Natur. Aber wir erleben dies heutige Erntedankfest unter besonderen Umständen und mit besonderen Gedanken. Die Ernte hat uns nicht gebracht, was wir wohl gehofft haben. Jede Stunde Regen im August und September bedeutete für Hunderte von Kindern und Erwachsenen Stunden des Hungerns und der Entbehrung im kommenden Winter. Das hat uns manchesmal ins Herz geschnitten. Dazu kommt eine der furchtbarsten Plagen, die ein Volk treffen kann und die jetzt über die ganze Welt geht, die Arbeitslosigkeit. Wir müssen damit rechnen, daß im Winter sieben Millionen Menschen in Deutschland keine Arbeit finden werden, d. h. daß fünfzehn bis zwanzig Millionen Menschen im nächsten Winter der Hunger anfassen wird, andere zwölf Millionen oder mehr in England, zwanzig oder mehr in Amerika. Um sechzehn Millionen sind gegenwärtig in China am Verhungern, und nicht viel besser steht's in Indien. Das sind die nackten Zahlen und dahinter steht die grausigste Wirklichkeit. Sollen wir daran vorbeigehen, wenn wir in der Kirche Erntedankfest feiern? Wir dürfen es nicht, sondern an diesen Tatsachen wollen wir unser christliches Denken und Wollen messen und schärfen und vertiefen. Wenn wir uns heute abend an den gedeckten Tisch setzen und uns an Gottes Güte erinnern werden, dann wird uns dabei seltsam zumute sein. Es wird uns die Unbegreiflichkeit dessen, daß gerade uns solche Gaben gegeben sind, überwältigen. Und wir werden dessen gedenken, daß wir sie von Gott durch nichts, aber auch gar nichts mehr verdient haben als unsere hungrigen Brüder in unserer Stadt. Denken wir uns, daß es gerade in dem Augenblick, in dem wir Gott für seine Güte gegen uns danken, draußen an der Tür klingelt, wie es jetzt so oft geschieht, und da einer steht, der wohl auch gerne Gott für die geringsten Gaben danken möchte, dem aber solche Gaben versagt worden sind und der mit seinen

Kindern hungrig und verbittert zu Bett geht. Was wird in solchem Augenblick aus unserem Dankgebet? Werden wir sagen wollen, Gott ist uns gnädig und ihm zornig? Oder, daß wir noch etwas zu essen haben, beweist, daß wir bei Gott einen besonders bevorzugten Platz errungen haben? Gott speist seine Lieblingskinder und läßt die Verworfenen hungern? Der gnädige Gott bewahre uns vor der fürchterlichen Versuchung solcher Gedanken und solcher Dankbarkeit. Er führe uns zum rechten Verständnis seiner Güte. Sehen wir denn nicht, daß die Geschenke seiner Güte uns zum Fluch werden, wenn wir solche Gedanken dabei haben und danach handeln. Wenn wir auf uns selbst schauen, statt mit dem Blick auf die Unbegreiflichkeit Gottes und auf die Not unseres Nächsten ganz demütig zu werden und uns der unermeßlichen Verantwortung bewußt zu werden, in die wir durch Gottes Güte gestellt sind? Wollen wir unter Gottes Gabe Gottes Güte erfassen, so müssen wir sie als Verantwortung für den Bruder verstehen. Niemand sage: Gott hat mich gesegnet mit Geld und Gütern, und lebe nun, als ob er und sein gütiger Gott allein auf der Welt wäre. Es kommt dann die Stunde, wo er erkennen muß, daß er den Götzen seines Glücks und seiner Selbstsucht angebetet hat. Nicht Besitz ist Segen und Güte Gottes, sondern Verantwortung.

Damit aber sind wir auf dem Weg zum tieferen Verständnis dessen, was Güte Gottes ist. Wer von Gott in die Verantwortung gestellt ist, der sieht sich zwischen zwei Welten gestellt: Die Welt Gottes und die Welt des Nächsten. Von Gott hört er die Worte: Willst du, daß meine Güte bei dir bleibt, so diene dem Nächsten, denn in ihm begegnet dir Gott selbst. Und im Nächsten sieht er die leibliche und seelische Not, für die er nun zur Verantwortung gezogen wird. Und nun entspinnt sich der Kampf, von dem wir von unserem Psalmisten gehört haben. Willst du meine Gnade, so gib deinem Nächsten von deinem Besitz. Willst du meine Liebe, so gib dem Nächsten deine Seele. Willst du meine Güte, so setze dein Leben für den Nächsten ein. Tust du das alles aber nicht, nun, so wandelt sich, was bisher Gottes Güte an dir war, dein Besitz an Leib und Seele und Leben, zum Fluch über dich. Und wer von uns wollte sagen, daß er das alles getan habe? Daß er Gottes Güte recht verstanden habe im Denken und besonders im Tun? Es ist schon viel, wenn wir einmal verstanden haben, daß die Güte Gottes uns in einen Kampf führt; daß sie nicht etwas ist, was wir empfangen und dann einfach haben, besitzen, so daß wir weiterleben, etwas glücklicher, etwas reicher, aber im wesentlichen unverändert. Aber mit wie wenig Leidenschaft, mit wieviel Angst, Schwächlichkeit, Zagheit, Traurigkeit gehen wir in diesen Kampf. Und wie wenig greift er an die Wurzel unseres ganzen Daseins. Und doch – wir verstehen diesen Kampf überhaupt nicht, wenn wir ihn nicht ganz radikal verstehen. Deine Güte ist besser denn Leben, d. h. nicht nur besser als dein Haus, als deine Bequemlichkeit, als dein Essen, als deine Arbeit, als deine Ehre, dein Ansehen, als deine Freuden leiblicher und musisch-geistiger Art, als deine Frau und deine Kinder, sondern es heißt noch mehr als das. Es ist besser als das, was dir, nachdem du all das verloren hast, noch bleibt: als dein Leben. Wer von uns hätte nur einmal schon erfahren, daß die Güte Gottes uns in einen Konflikt führt, was die leibliche Seite unseres Lebens angeht? Mehr noch, was unsere Arbeit, mehr noch, was unsere Ehre, mehr noch, was unsere Familie angeht? Wer läßt sich heute noch von Gott in solche Konflikte führen und wer sieht in solchen Konflikten noch Gottes Güte? Und wer schließlich sieht es überhaupt, daß Gottes Güte unverstanden bleibt, wenn der Konflikt nicht noch tiefer geht und unser Leben angreift und über es hinausgreift?

Laßt uns ein Beispiel nehmen. Da sind zwei Menschen, die sich lieb haben. Und der eine fragt den anderen: »Sag mir, wie groß deine Liebe zu mir ist, wieviel meine Liebe dir wert ist.« Und der andere antwortet. »Für deine Liebe ließe ich meinen ganzen Besitz.« »Ist das alles?« »Für deine Liebe ließe ich alle meine Freuden und mein Glück.« »Ist das alles?« »Für deine Liebe opfere ich mein Ansehen und meine Ehre.« »Ist das das Letzte?« »Für deine Liebe verließe ich Brüder, Familie und Freunde. Oh, wenn ich nur dich habe … Für deine Liebe gäbe ich alles, alles, alles.« »Auch das Allerletzte, was du noch hast? Gibst du es hin für meine Liebe?« »Du meinst, ob ich mein Leben für deine Liebe gäbe? Welch unerhörter Widerspruch. Wie kann ich deine Liebe genießen ohne mein Leben? Fordere das nicht von mir – und doch, deine Liebe ist mehr, deine Liebe ist besser denn mein Leben.«

Wer wollte zögern, zu der Größe und Stärke solcher

Worte ehrfurchtsvoll aufzublicken? Wer wollte nicht stolz darauf sein, daß Menschen solcher Worte fähig sind? Aber welcher Christ müßte nicht innerlich zusammenschrecken, wenn er den großen Vergleich zieht, an den wir jetzt eben denken? Wie kommt es, daß menschliche Leidenschaft so unheimlich viel vermag im Kampf für den geliebten Menschen und daß wir dort, wo von Gottes Liebe die Rede ist, wo also doch noch ganz anderes auf dem Spiel steht, so grenzenlos versagen? Sieh, wie der Liebende dort seinen Besitz, sein Glück, seine Ehre, sein Leben freudig für den Geliebten in die Schanze wirft, wie ihm immer noch etwas Neues einfällt, was er seiner Liebe zum Opfer bringen kann, wie ihm kein Preis zu hoch scheint, die Liebe des anderen zu besitzen. Und sieh dann, wie ärmlich unsere Gedanken und Taten für Gottes Liebe dem gegenüber sind, wo wir meinen, mit ein paar Groschen in die Kollekte, mit etwas freundlicher Miene und friedlicher Gesinnung genug für Gottes Liebe getan zu haben. Warum ist es denn so tot und öde unter uns und so lebendig bei jenen anderen, warum erstickt denn bei uns das Feuer immer gleich im Anfang und brennt es dort so lichterloh?

Ist das christliches Leben? Hat man uns das Leben Jesu Christi so vor Augen gemalt? O Gott, weil wir dich nicht mehr kennen, weil wir dich nicht mehr suchen, weil wir nicht mehr wissen, wie wahnsinnig es ist, zu leben und deiner nicht zu gedenken, der du am Anfang und Ende unseres Lebens stehst und über uns richtest in Ewigkeit! Weil wir Gottes Liebe im Leben Jesu Christi nicht mehr anschauen und uns von ihr aufrütteln lassen zu neuem Leben. Weil wir an uns selbst hängen und auf uns selbst stehen wollen, weil wir nicht glauben können, daß Gott allein es ist, der uns recht tragen kann und der unserem Leben, auch wenn es äußerlich zerschellt, ewigen Sinn gibt. Das heißt aber, weil wir uns an Gottes alleiniger Ehre und Liebe versündigt haben, weil wir schuldig geworden sind vor ihm. Gott stellt uns in die Verantwortung und wir versagen, weil wir an uns selbst mehr hängen und glauben als an Gott. Gott fragt uns, wieviel uns seine Liebe wert sei, und wir antworten ihm: jedenfalls weniger als unsere eigene. So verstoßen wir Gottes Güte aus unserem Leben.

Nun aber ereignet sich das größte Wunder, das die Welt kennt. Dort, wo wir von Gott abgefallen sind, wo wir für Gott tot und unempfänglich geworden sind in unserer Schuld, dort geht Gottes Güte uns nach und offenbart sich uns aufs neue als die ewige Verheißung Gottes über alle Schuld, über alles Leben hinaus in Jesus Christus. Nur der weiß recht und ganz, was Gottes Güte ist, der tief im Dunkel der Schuld, der Untreue, der Feindschaft gegen Gott, sich angerührt fühlt von der Liebe, die nimmer aufhört, die alles vergibt und über alles Elend hinausweist in die ewige Welt Gottes.

Aber freilich, wir sind dem Leben nicht enthoben. Wir bleiben in der Verantwortung, und immer aufs neue werden wir von Gott gefragt: Was ist dir meine Liebe wert? Aber je tiefer wir erkennen, was Gottes Güte ist, desto lebendiger wird unsere Antwort sein. Immer von neuem werden wir von Gottes Güte in die Verantwortung und durch die Schuld zu ihm geführt. Wann wird es dahin kommen, daß wenigstens in die christliche Gemeinde die Welt unseres Psalmdichters hineinbricht, daß wir, ob im Glück oder Elend, in Hunger und Krankheit, in Angst und Sorge, in Traurigkeit und tiefster Schuld, in guter und in schlechter Ernte neu in rechtem Erntedank jubeln können: »Nehmen sie den Leib, Gut, Ehr, Kind und Weib, laß fahren dahin, sie habens kein' Gewinn, das Reich muß uns doch bleiben.« Gott, deine Güte ist besser denn Leben.

Was ist unser Leben?
Alles,
was wir sehen,
greifen, hören,
schmecken, fühlen;
alles,
was uns umgibt,
was wir besitzen,
woran wir gewöhnt sind,
was wir lieben.
Was ist Gottes Güte?
Jedenfalls alles,
was wir nicht sehen,
nicht greifen,
nicht begreifen,
ja fast nicht glauben können;
etwas, was wir jedenfalls nicht besitzen,
etwas ganz Unwahrscheinliches,
Jenseitiges,
über und hinter allem Geschehen Stehendes
und doch so nah und ernst
uns Anredendes.

Reformationsfest

Wenn wir uns in unruhigen Zeiten einmal fragen, was eigentlich von all der Aufregung, von all dem Hin und Her der Gedanken und Überlegungen, von all den Sorgen und Befürchtungen, von allen Wünschen und Hoffnungen, die wir uns machen, wirklich zuletzt übrig bleibt – und wenn wir uns dann die Antwort der Bibel geben lassen wollen, so wird uns gesagt: Es bleibt von all dem zuletzt nur eines, nämlich die Liebe, die wir in unseren Gedanken, Sorgen, Wünschen und Hoffnungen gehabt haben. Alles andere hört auf, vergeht, alles, was wir nicht aus Liebe gedacht und ersehnt haben, alle Gedanken, alle Erkenntnis, alles Reden ohne Liebe hört auf – *nur die Liebe höret nimmer auf*.

Nun aber bleibt Glaube, Hoffnung, Liebe, diese drei;
aber die Liebe ist die größte unter ihnen.
(1. Korinther 13, 13)

Mit voller Absicht haben wir unsere Predigtreihe über 1. Korinther 13 so eingerichtet, daß dieser Text auf den Reformationstag fällt. Wir wollen damit sagen, daß die Kirche, die von der alleinigen Kraft und dem Heil und dem Sieg des Glaubens an Jesus Christus so geredet hat wie wohl keine andere, daß die Kirche, die groß ist im Glauben, noch größer sein müsse in der Liebe; und wir wollen damit einerseits nichts anderes als zurück zur ursprünglichen Reformation, andererseits aber einer Gefahr und Entartung entgegentreten, die den Protestantismus von Anfang bedroht hat, nämlich daß die Botschaft von dem allein rettenden und erlösenden Glauben erstarrte, ein totes Wort wurde, weil sie nicht lebendig gehalten wurde durch die Liebe. Eine Kirche des Glaubens aber – und sei es der bekenntnistreueste und orthodoxeste Glaube –, die nicht noch vielmehr Kirche der reinen und allumfassenden Liebe ist, ist nichts nütze. Was heißt es auch, an Christus glauben, der die Liebe war, und selbst noch hassen? Was heißt es, Christus seinen Herrn nennen im Glauben und seinen Willen nicht tun? Solcher Glaube ist kein Glaube, sondern er ist Heuchelei. Es nutzt keinem Menschen etwas, seinen Glauben an Christus zu beteuern, wenn er nicht zuvor hingegangen ist und sich mit seinem Bruder – auch mit dem gottlosen, rassefremden, geächteten und verstoßenen Bruder – versöhnt hat (Matthäus 5, 24). Und die

Kirche, die ein Volk zum Glauben an Christus aufruft, muß selbst in diesem Volk das brennende Feuer der Liebe sein, die Keimzelle zur Versöhnung, der Brandherd, indem aller Haß erstickt wird und die Menschen aus Stolz und Haß zu Menschen der Liebe umgewandelt werden. Unsere Kirchen von der Reformation haben manche großen Taten getan, und doch scheint es mir, als sei ihnen diese größte Tat noch nicht gelungen, und sie ist heute notwendiger als je.

»Nun aber bleibt Glaube, Hoffnung, Liebe, diese drei.« »Glaube« – das heißt ja nun freilich, daß kein Mensch und keine Kirche von der Größe ihrer eigenen Taten leben kann, sondern daß sie allein von der großen Tat leben, die Gott selbst tut und getan hat, und (das ist nun das Entscheidende) die großen Taten Gottes bleiben ungesehen, verborgen in der Welt. Es ist eben mit der Kirche nicht so, wie es in der Welt und in der Geschichte der Völker ist, daß es letztlich darauf ankäme, auf große Taten hinweisen zu können – die Kirche, die das versucht, wäre schon längst den Gesetzen und den Mächten dieser Welt verfallen, die *Kirche des Erfolges* ist wahrhaftig noch lange nicht die *Kirche des Glaubens*. Die Tat, die Gott in dieser Welt getan hat und von der seitdem alle Welt lebt – heißt das Kreuz von Golgatha. Das sind Gottes »Erfolge«, und so werden die Erfolge der Kirche und des Einzelnen aussehen, wenn sie Taten des Glaubens sind. Daß der Glaube bleibt – das heißt, daß es wahr bleibt, *daß der Mensch vom Unsichtbaren leben muß*, daß er nicht von seinem sichtbaren Werk, sondern von der unsichtbaren Tat

Gottes lebt. Er sieht Irrtum und er glaubt Wahrheit, er sieht Schuld und er glaubt Vergebung, er sieht Sterben und er glaubt ewiges Leben, er sieht nichts – und er glaubt die Tat und die Gnade Gottes. »Laß dir an meiner Gnade genügen, denn meine Kraft ist in den Schwachen mächtig« (2 Korinther 12, 9). Und so ist es mit der reformatorischen Kirche. Sie lebt nie und nimmer von ihrer Tat, auch nicht von ihrer Liebestat, sondern sie lebt von dem, was sie nicht sieht und doch glaubt (Johannes 20, 29) – sie sieht Verhängnis und sie glaubt Errettung, sie sieht Irrlehre und sie glaubt Gottes Wahrheit, sie sieht Verrat am Evangelium und sie glaubt die Treue Gottes. Die reformatorische Kirche ist niemals die sichtbare Gemeinschaft der Heiligen, sondern die Sünderkirche, die gegen allen Schein an die Gnade glaubt und von ihr allein lebt. »Heraus aus der Kirche, wer ein Heiliger sein will« hat Luther einmal gerufen. Sünderkirche – Gnadenkirche – Glaubenskirche – das ist es. »Nun aber bleibet Glaube« – weil er vor Gott und von Gott allein lebt. Es gibt nur eine Sünde, und die heißt, ohne Glauben zu leben. Aber ein Glaube, der sich mutig an das Unsichtbare hält und von ihm lebt, als wäre es schon da, hofft zugleich auf die Zeit der Erfüllung und des Schauens und des Habens; er hofft darauf so gewiß wie das hungrige Kind, dem der Vater Brot versprochen hat, wohl eine Zeit warten kann, aber doch endlich Brot empfangen will, oder wie der Musikhörer einem dunklen Ineinander von Disharmonien willig folgt aber doch in der Gewißheit, daß sich diese Disharmonien auch wieder lösen müssen; oder wie der Kranke eine bittere Arznei nimmt, damit der Schmerz endlich von ihm genommen werde. Ein Glaube, der nicht hofft, ist krank. Er ist wie ein hungriges Kind, das nicht essen, oder wie ein müder Mensch, der nicht schlafen will. So gewiß der Mensch glaubt, so gewiß hofft er. Und es ist keine Schande zu hoffen, grenzenlos zu hoffen. Wer wollte auch von Gott reden, ohne zu hoffen. Wer wollte auch von Gott reden, ohne zu hoffen, ihn einmal zu schauen? Wer wollte von Frieden und von der Liebe unter den Menschen reden, ohne sie einmal in Ewigkeit erleben zu wollen? Wer wollte von einer neuen Welt und einer neuen Menschheit reden, ohne zu hoffen, daß er an ihr teilhaben werde? Und warum sollen wir uns unserer Hoffnung schämen? Nicht unserer Hoffnungen werden wir uns einstmals zu schämen haben, sondern unsrer ärmlichen und ängstlichen Hoffnungslosigkeit, die Gott nichts zutraut, die in falscher Demut nicht zugreift, wo Gottes Verheißungen gegeben sind, die resigniert in diesem Leben und sich nicht freuen kann auf Gottes ewige Macht und Herrlichkeit. »Wir heißen Euch hoffen!«[1] – »Hoffnung läßt nicht zuschanden werden« (Römer 5, 5). Je mehr ein Mensch zu hoffen wagt, desto größer wird er mit seiner Hoffnung: Der Mensch wächst mit seiner Hoffnung – wenn es nur die Hoffnung auf Gott und seine alleinige Kraft ist. Die Hoffnung bleibt.

»Nun aber bleibt Glaube, Hoffnung, Liebe, diese drei. Aber die Liebe ist die größeste unter ihnen.«

1 J. W. v. Goethe, aus dem Gedicht »Symbolum« (1815), »Hamburger Ausgabe«, 340 f.

Noch einmal klingt es aus den ersten Versen des Kapitels nach:
Und wenn ich allen Glauben hätte, also daß ich Berge versetzte – und wir fügen hinzu: wenn ich alle Hoffnung hätte – und hätte der Liebe nicht, so wäre ich nichts (1 Korinther 13, 2). Denn die Liebe ist die größeste unter ihnen.
Was kann größer sein, als sein Leben im Glauben *vor* Gott leben? Was kann größer sein, als sein Leben *zu* Gott *hin* leben? Größer ist die Liebe, die *in Gott* lebt. »Wandle *vor* mir!« (1 Mose 17, 1) »Wer in der Liebe bleibt, [bleibt] *in* ihm« (1 Johannes 4, 6). Was ist größer als die Demut des Glaubens, die den unendlichen Abstand des Schöpfers vom Geschöpf nie vergißt; was ist größer als die Zuversicht der Hoffnung, die sich nach dem Kommen Gottes und dem Schauen seiner Wirklichkeit sehnt? Größer ist die Liebe, die hier schon seiner Nähe und Gegenwart überall gewiß ist, die an seiner Liebe hängt und weiß, daß seine Liebe nichts will als unsere Liebe. Was ist größer als der Glaube, der sein Heil in Christus erhofft und festhält und von ihm gerechtfertigt wird, was ist größer als die Hoffnung, die sich Stunde um Stunde auf ein seliges Sterben und Heimgehen richtet? – größer ist nur die dienende Liebe, die für die anderen alles vergißt, die sogar das eigene Heil hergibt, um es den Brüdern zu bringen – denn wer seine Liebe verliert um meinetwillen, der wird sie gewinnen (Matthäus 10, 39).
Es bleiben Glaube und Hoffnung. Daß nicht einer meine, er könne die Liebe haben ohne den Glauben und

ohne Hoffnung! Liebe ohne Glauben ist wie ein Strom ohne Quelle. Das hieße ja, er könne die Liebe haben ohne Christus. *Der Glaube allein rechtfertigt* vor Gott, die Hoffnung richtet uns aufs Ende hin, die Liebe vollendet.

Der Glaube allein rechtfertigt – auf diesem Satz ist unsere protestantische Kirche erbaut. Auf die Frage des Menschen: wie kann ich vor Gott bestehen? fand Luther in der Bibel als einzige Antwort: indem Du seiner Gnade und Barmherzigkeit in Jesus Christus glaubst. Auf die Frage, wie der Mensch vor Gott rechtfertig werde, heißt die Antwort: durch Gnade allein, durch Glauben allein. – Wir können daher hier am Ende mit allem Recht den Satz unseres Kapitels auch umdrehen und sagen: – *und wenn ich alle Liebe hätte, sodaß ich alle guten Werke vollbrächte* und hätte *den Glauben* nicht, so wäre ich nichts (1 Korinther 13, 2). Der Glaube allein rechtfertigt – aber die Liebe vollendet.

Glaube und Hoffnung gehen in die Ewigkeit ein in der verwandelten Gestalt der Liebe. Es muß am Ende alles Liebe werden. Vollendung heißt Liebe. – Aber das Zeichen der Vollendung in dieser Welt heißt Kreuz. Das ist der Weg, den die vollendete Liebe in dieser Welt gehen muß und immer wieder gehen wird. Das aber zeigt uns erstens, daß diese Welt reif ist zum Abbruch, überreif; daß es nur Gottes unbeschreiblich Geduld ist, die noch wartet bis zum Ende. Zweitens, daß die Kirche in dieser Welt Kirche unter dem Kreuz bleibt. Besonders die Kirche, die Kirche der sichtbaren Herrlichkeit schon hier werden will, sie hat ihren Herrn am Kreuz verleug-

net. Glaube, Hoffnung, Liebe führen allesamt durchs Kreuz zur Vollendung. [...]
Die tausendmal betrogene und enttäuschte Menschheit braucht Glauben, die wunde und leidende Menschheit braucht Hoffnung, die in Zwietracht und Mißtrauen gefallene Menschheit braucht Liebe – und wenn wir schon kein Mitleid mehr haben mit unserer eigenen armen Seele, die dieses alles wahrhaftig auch braucht, so habt Mitleid wenigstens mit der armen Menschheit. Sie will von uns lernen, aufs neue zu glauben, zu hoffen, zu lieben; versagt es ihr nicht. Lassen wir es uns zurufen am Reformationstag: glaubt, hofft, und vor allem liebt – und ihr werdet die Welt überwinden (1 Johannes 5, 11).

Herr Jesus,
wenn ich angefochten bin,
weil ich Gott und seine Macht
und Liebe nicht sehen kann
in dieser Welt,
so laß mich fest auf dich blicken,
denn du bist mein Herr und mein Gott.

Bußtag

Vergeltet nicht Böses mit Bösem. Erheb deine Hand nicht zum Schlag, öffne deinen Mund nicht im Zorn, sondern sei still. Was kann denn der dir schaden, der dir Böses antut.
Unrechtleiden schadet keinem Christen. Aber Unrecht tun schadet.
Nicht du bist in Gefahr, wenn dir Böses geschieht, aber der andere ist in Gefahr, der dir Böses tut und er kommt darin um, wenn du ihm nicht hilfst. Darum um des anderen willen und um deiner Verantwortung für ihn – vergilt nicht Böses mit Bösem.

Denn wir müssen alle offenbar werden vor dem Richtstuhl Christi, auf daß ein jeglicher empfange, nach dem er gehandelt hat bei Leibesleben, es sei gut oder böse. (2. Korinther 5, 10)

Es bleibt nichts geheim, nichts verborgen, gar nichts. »Es ist nichts so fein gesponnen, es kommt doch endlich an die Sonnen« – sagt das Sprichwort und meint diese unsere Sonne, die immer wieder ganz plötzlich, ganz überraschend zum Entsetzen aller Betroffenen irgend etwas ganz in der Dunkelheit Geschehenes zum Vorschein bringt. [...]
Der Bußtag und unser Text hat mehr zu sagen als jenes Sprichwort. Darum eignet er sich auch schlecht als Sprichwort. Denn Sprichwörter müssen moralistisch sein und wenigstens einer Gruppe von Menschen recht geben. Das tut unser Text nicht, er gibt keinem Menschen recht, er ist auch durchaus nicht moralistisch, sondern er ist durchaus realistisch. Dieser Text gießt ein Licht über den Bußtag, das so hell, so grell, so blendend ist, daß wir aufs Äußerste erschrecken. Bußtag ist wahrhaftig kein dunkler Tag, sondern ein Tag von einer beängstigenden Helle, Durchsichtigkeit, einer unbändigen Lichtfülle. Es gibt manchmal solche Tage in der Natur, in denen die Luft so unheimlich durchsichtig ist, so daß man das, was Dunst und Ferne gewöhnlich verhüllen, bis ins Einzelne hinein erkennt. Ein solcher Tag ist auch der Bußtag. Vom hellen Bußtag wollen wir reden. Hier hat eine Sonne etwas an den Tag zu bringen, aber die Sonne, das Licht, das hier und heute scho-

nungslos in alle Winkel dringt und Verborgenes aufdeckt, heißt Christus. Und damit wendet sich die Sache ganz und gar.
Bußtag ist der Tag, an dem wir durch ein Wort der Bibel, wahrhaftig ein unscheinbares Mittel, daran erinnert werden, daß das Ende unseres Daseins eine völlige Aufdeckung, Bloßstellung unseres gesamten Lebens bringen wird. »Wir müssen alle offenbar werden vor dem Richtstuhl Christi.«
Wir unchristlich lebenden und denkenden Menschen von heute, haben uns mit einer doppelten Täuschung über unser Leben abgefunden, die es uns ermöglicht, mit einer gewissen Ruhe unser Leben zu führen. Die erste Täuschung besteht darin, daß wir meinen, das Vergangene, Geschehene, von uns Getane, versinke in den dunklen Abgrund der Vergessenheit und sei dadurch, daß wir und andere es mehr oder weniger vergessen haben, überhaupt vergessen. Mit anderen Worten: Wir leben in dem Glauben an die letzte, stärkste Macht des Vergessens. Ewigkeit heißt Vergessen! Die zweite Täuschung, von der wir leben, ist die, daß wir Verborgenes und Offenbares, Geheimes und Öffentliches unterscheiden zu können meinen. Wir führen ein öffentliches, sichtbares, offenbares Leben und völlig daneben ein verborgenes, geheimes Leben von Gedanken, Empfindungen, Hoffnungen, die kein anderer Mensch je erfährt, und es würde uns ein lähmender Schrecken überfallen, wenn wir wüßten, daß all unsere Gedanken und Empfindungen, die wir nur an einem Tag gehabt haben, auf einmal offen vor jedermann sichtbar lägen.

Wir leben unter der selbstverständlichen Voraussetzung, daß Verborgenes verborgen bleibt.
Und nun werden uns diese selbstverständlichen Voraussetzungen unseres Lebens zerstört, als völlig ungerechtfertigte Illusionen hingestellt. Ewigkeit ist nicht Vergessen, sondern Ewigkeit ist Gedächtnis, ewiges Gedächtnis. Was auch immer in der Zeit geschieht, in der Welt geschieht, ist in alle Ewigkeit aufgehoben, es hinterläßt seine Spur unvermeidlich in der Ewigkeit. Die Alten prägten dafür das Bild vom Buch des Lebens, in dem unser Leben eingezeichnet ist (Offenbarung 20, 12). Das weiße Blatt ist nun beschrieben. Es bleibt nichts vergessen. Weil alles, was wir tun, vor der Ewigkeit Gottes geschieht, darum bleibt es auch aufbewahrt und aufgehoben in Ewigkeit. Ob wir vergessen oder nicht, das ist ganz gleichgültig, Gott vergißt nicht.
Und das andere ist: Es gibt vor Gott keinen Unterschied zwischen Verborgenem und Geheimem. Vor Gott ist alles durchsichtig wie Licht. »Denn auch die Dunkelheit muß Licht sein vor dir«, sagt der Psalm (Psalm 139, 12). Weil Gott Licht ist (1 Johannes 1, 5), weil Gott offenbar ist, darum müssen auch wir im Licht sein und vor ihm offenbar sein. Darum gibt es vor Gott kein Geheimnis mehr. Darum muß vor ihm jedes Geheimnis offenbar werden –. Darum ist das Ende aller Dinge die Enthüllung aller Geheimnisse, der Geheimnisse Gottes und des Menschen.
»Wir müssen alle offenbar werden vor dem Richtstuhl Christi, auf daß ein jeglicher empfange, nach dem er

gehandelt hat bei Leibesleben, es sei gut oder böse.« Das geht gegen des Menschen innerste Natur. Wir alle haben etwas zu verbergen, wir haben Geheimnisse unseres Lebens, Sorgen, Gedanken, Hoffnungen, Wünsche, Leidenschaften – von denen kein Mensch auf der ganzen Welt etwas zu wissen bekommt. Wir sind auf nichts empfindlicher, als wenn Menschen mit ihren Fragen in die Nähe solcher Gebiete kommen. Und nun wird gegen alle Regeln des Taktes in der Bibel davon geredet, daß wir einst am Ende mit allem, was wir sind und waren, vor Christus offenbar sein werden und nicht nur vor Christus, sondern auch vor den Menschen, die neben uns stehen werden. Und wir alle wissen, daß wir vor manchem menschlichen Gericht bestehen könnten, aber vor diesem Gericht Christi nicht. Herr, wer wird bestehen? … (Psalm 130, 3)
Christus wird richten. Sein Geist wird die Geister scheiden. Er, der als der Arme und Schwache unter uns war, er wird am Ende über alle Welt sein Gericht ergehen lassen. Es gibt also für den Menschen nur eine Frage, auf die es in seinem Leben ankommt: Wie stellst du dich zu diesem Geist, wie stellst du dich zu diesem Mann Jesus Christus? Zu jedem anderen Geist, zu jedem anderen Menschen gibt es mehrere Möglichkeiten der Stellungnahme. Von ihr hängt das Letzte nicht ab. Jesus Christus gegenüber gibt es nur ein reines Ja oder ein reines Nein. Denn Er ist der Geist, an dem jeder Menschengeist gerichtet werden muß. Ihm allein kann keiner ausweichen, an ihm kann keiner vorübergehen, – und wenn er auch meint, er könne auf sich selbst stehen und er sei sein

eigener Richter. Kein Mensch ist sein eigener Richter. Christus allein ist des Menschen Richter. Kein Mensch ist des anderen Menschen Richter – Christus allein ist Richter. Und sein Gericht ist ewig. Und wer hier an ihm vorbeiging, ohne sein Ja oder Nein klar gesagt zu haben, der wird in der Stunde des Todes, dort, wo sein Leben gewogen wird in Ewigkeit, ihm gegenüberstehen müssen, ihm ins Angesicht sehen müssen. Und seine Frage wird sein: Hast du in der Liebe zu Gott und den Menschen gelebt oder hast du dir selbst gelebt? Hier gibt es keine Ausflüchte mehr, keine Entschuldigungen, kein Herumreden, … hier liegt das ganze Leben offen vor dem Lichte Christi, »auf daß wir empfangen, nach dem wir gehandelt haben bei Leibesleben, es sei gut oder böse«.

Es ist eine angstvolle Stunde zu denken, daß das Buch unseres ganzen Lebens geöffnet wird, daß vor uns tritt, was wir gegen Gottes Gebot gesprochen und getan haben, daß wir Christus gegenüberstehen und uns nicht verteidigen können. Herr, wer wird bestehen?

Aber die Bibel will uns nie Angst machen. Gott will nicht, daß der Mensch sich fürchtet. Auch nicht vor dem letzten Gericht. Sondern er läßt den Menschen das alles wissen, damit er erkenne, was es um das Leben und um seinen Sinn ist. Er läßt es die Menschen heute schon wissen, damit sie heute schon in der Offenheit und im Licht des letzten Gerichtes ihr Leben führen. Er läßt es uns wissen – nur allein darum, damit wir Menschen den Weg finden zu Jesus Christus, damit wir umkehren von unserem bösen Weg und ihm, Jesus Christus, zu begeg-

nen suchen. Gott will den Menschen nicht erschrecken, er schickt uns das Wort vom Gericht nur, damit wir um so leidenschaftlicher, um so gieriger nach der Verheißung der Gnade Gottes greifen, damit wir erkennen, daß wir vor Gott nicht bestehen können aus unserer Kraft, daß wir vor ihm vergehen müßten, aber daß er trotz allem nicht unseren Tod, sondern unser Leben will. Christus richtet. Das ist wahrhaftig ernst. Aber Christus richtet, d. h. doch auch: der Barmherzige richtet, der unter Zöllnern und Sündern gelebt hat, der versucht ist gleich wie wir (Hebräer 4, 15), der unsere Leiden, unsere Angst, unsere Wünsche am eigenen Leibe getragen und erlitten hat, der uns kennt und uns bei unserem Namen gerufen hat (Jesaja 43, 1). Christus richtet, d. h. die Gnade ist Richter und die Vergebung und die Liebe – wer sich an sie klammert, der ist schon freigesprochen. Wer sich freilich auf sein eigenes Werk berufen will, den wird Christus nach diesem Werk richten und verurteilen. Wir aber sollen Freudigkeit haben zu jenem Tag, wir sollen nicht zittern und zagen, sondern uns seiner Hand gern anvertrauen. Vom lieben jüngsten Tag – hat Luther geredet. Laßt uns nicht mit verzagten, sondern mit freudigen und glaubenden Herzen aus dem Bußgottesdienst gehen. Komm, du jüngster Tag – freudig warten wir auf dich, denn wir sollen den barmherzigen Herrn sehen und seine Hand fassen und er wird uns lieb haben.
Was ist beim letzten Ende das »Gut und Böse«, nach dem Christus fragt? Das Gute ist ja nichts anderes, als daß wir nach seiner Gnade fragen und sie ergreifen, das

Böse ist nichts als die Angst und das Selbst-vor-Gott-stehen-wollen, Selbst-gerecht-sein-wollen. Buße tun – das heißt ja eben nichts anderes als in dieser Wendung, in dieser Umkehr mitten drin stehen vom eigenen Werk zu Gottes Barmherzigkeit; Umkehr, Umkehr! ruft und jubelt uns die ganze Bibel zu – Umkehr, wohin? Zur ewigen Gnade Gottes, der uns nicht läßt, dem das Herz über uns bricht, weil er uns, seine Geschöpfe über alle Maßen liebt. Er wird barmherzig sein – so komm also Jüngster Tag. Herr Jesus, mach uns bereit. Wir freuen uns.

Ich danke Gott,
weil ich seine Forderungen kenne
und sie lernen will,
aber ich danke ihm als einer,
der eben noch ganz im Lernen steht,
dem es gemessen an den Forderungen
der Gerechtigkeit Gottes
noch an allem fehlt.

Totensonntag

Wir können angesichts des Todes nicht in fatalistischer Weise sprechen: »Gott will es«, wir müssen das andere hinzusetzen: »Gott will es nicht«. Der Tod zeigt an, daß die Welt nicht so ist, wie sie sein sollte, sondern daß sie der Erlösung bedarf. Christus allein ist die Überwindung des Todes. Gott will die Überwindung des Todes durch den Tod Jesu Christi. Allein in Kreuz und Auferstehung Jesu Christi ist der Tod in Gottes Gewalt gekommen, muß er den Zielen Gottes dienen. Nicht eine fatalistische Ergebung, sondern der lebendige Glaube an den für uns gestorbenen und auferstandenen Jesus Christus vermag ernstlich mit dem Tode fertig zu werden.

... aber sie sind im Frieden.
(Weisheit 3, 3)

Zwei Fragen haben uns heute in die Kirche geführt, unersättliche Fragen, die den Menschen von einem Ort zum anderen treiben, die ihn unstet auf dieser Erde machen, weil sie ungestillt auf seiner Seele brennen, und nun begehren sie hier in der Kirche Antwort, Wahrheit, Lösung; die Fragen heißen: Wo sind unsere Toten? Wo werden wir nach unserem eigenen Tode sein? Und nun erhebt die Kirche den Anspruch, auf diese letzte, auf diese unmöglichste Frage des Menschen Antwort zu geben. Ja, nur weil die Kirche auf diese letzte Frage Antwort weiß, darum besteht sie. Wüßte sie hier nicht mit aller Demut, aber auch mit aller Bestimmtheit zu sprechen, so wäre sie nichts als ein jämmerlicher Verein von Hoffnungslosen und Verzweifelten, die sich gegenseitig mit ihren Leiden interessant machen und zur Last fallen. Aber eben das ist die Kirche Christi nicht. Nicht vom Leiden, sondern vom Heil, nicht von der Skepsis, sondern von der getrosten Hoffnung wird hier geredet. Skepsis ist uninteressant – auch was einer alles nicht glaubt, ist uninteressant – sondern was und daß einer glaubt und hofft, das allein ist wichtig. Kirche ist der Ort der unerschütterlichen Hoffnung.
Wo sind unsere Toten? Wir stehen heute in der Erinnerung an Totenbetten, wir sehen sie wieder vor uns – die wir lieb hatten – in jenem letzten Bild, das sich uns so einprägt wie kein anderes. Wir fühlen wieder, wie wir uns bei diesem Anblick selbst gänzlich vergaßen, wie

unendlich nichtig uns in solchen Stunden unser eigenes Leben erschien, wie unser Blick wie im Bann gerichtet war auf diesen rätselhaften, stummen, lieben Menschen, der von dem Geheimnis, das er jetzt gesehen hat, nur noch schweigen konnte. Er ist hindurch, er ist auf dem Weg, von dem keiner zurückkehrt; über ihm liegt die Weihe eines Wissens und Schauens, das kein Lebendiger empfängt. Er ist so sehr Mensch dieser Erde wie nie zuvor, einer, der regungslos der Erde entgegenschläft – und er ist doch auch so sehr fern von dieser Erde und von einer anderen Welt gezeichnet wie nie im Leben.
Wir müssen vielleicht heute an lange, qualvolle Stunden denken, an Krankheit und Kampf und Unruhe – bis dann der Tod kam und alles ganz still und leise wurde, wie wir dann dumpf und ganz benommen an diesem Bett saßen, noch ohne zu begreifen, was eigentlich geschehen war und immer nur ganz eintönig dieselbe Frage stellen mußten: Was ist nun geschehen? Wo bist du? Und vielleicht haben wir noch mit eben dieser selben Frage den Toten zu Grabe getragen und vielleicht ist es noch heute dieselbe Frage, die wir ihm nachrufen. Wo bist du? Wo bist du?
Vielleicht haben wir uns auch längst abgefunden damit, daß es mit ihnen zu Ende sei, daß sie ins Nichts zurückgesunken seien, aus dem sie einst kamen. Und doch kann unsere Liebe nicht lassen, sie zu suchen, sie fragt allerorten nach, ob denn keiner es wisse, wo der geliebte Mensch hingegangen sei. Ein tiefer, lauter Schmerzensruf geht durch die Welt, die Mutter ruft ihr Kind, das Kind ruft die Mutter, der Mann die Frau, der Freund den

Freund, der Bruder ruft den Bruder, die Liebe weint um das Verlorene: Wo bist du? Wo seid ihr, ihr Toten, unsere Lieben?

Schweigend seid ihr von uns gegangen, habt uns allein gelassen, seid in ein fremdes Land gegangen, das niemand kennt. Warum sprecht ihr nicht? Wo seid ihr? Mußtet ihr die ewige Wanderung antreten von einem Leben zum anderen? Seid ihr in der kalten Nacht des Grabes verlassen und einsam, oder müßt ihr umherirren in qualvoller Rastlosigkeit? Seid ihr um uns? Müßt ihr leiden wie wir? Vielleicht viel furchtbarer als wir? Sehnt ihr euch nach einer Heimat, nach Wärme, nach Liebe, nach uns? Oder ist euer Tod ein Schlaf, ein ewiges Träumen und Dämmern, ein müder Schlaf? So sprecht doch, warum seid ihr so fern?

Aber sie sprechen nicht. Und wenn die Menschen meinen, in okkulter Stunde Geister Verstorbener beschwören zu können, so mag da zwar allerlei zwischen Himmel und Erde sein, was wir nicht wissen und begreifen können – aber eines ist gewiß, unsere Toten sind das nicht, die hier erscheinen, sie sind uns entnommen, denn sie sind in Gottes Hand, und keine Qual rührt sie an (Weisheit 3, 1). Wir können sie nicht quälen mit Tränen und Bitten und Beschwörung. Sie sprechen nicht. Sie bleiben stumm.

Wer antwortet unserer Frage? Wer antwortet der fragenden Liebe? Auch die Kirche vermag nicht die Toten zum Reden zu bringen, auch sie vermag nicht Geister zu beschwören. Aber was sagt sie der Mutter, die zu ihr flieht und sie nach ihrem Kinde fragt? Was sagt sie dem Kinde über seine Mutter? […] Sie weist nicht auf die Toten hin, sie sagt nicht dies oder jenes über sie, sie weist auch nicht in okkulte Welten, in die Welt der Toten hinein, sondern sie weist allein – auf Gott selbst. Okkulte Welten sind immer noch menschliche Welten, erreichbare, durch allerlei Zauberei zugängliche Welten. – Gottes Welt ist jenseits von allen Menschenwelten, von ihr kann kein anderer reden als Gott selbst und der, den er gesandt hat, Christus. Und in dieser Welt müssen wir unsere Toten suchen. Also wer mit der brennenden Frage zur Kirche kommt, wo seine Toten seien, der wird zuallererst auf Gott selbst gewiesen. Es gibt kein Wissen über die Toten ohne Gottesglauben. Gott ist der Herr der Toten, und er hat ihr Schicksal in der Hand, und nur wer von ihm weiß, weiß um seine Toten. Das heißt nun aber, es darf kein selbstsüchtiges Fragen nach den Toten geben. Denn nicht wir sind die Herren der Toten. Wer nach den Toten fragen will und wirklich Anwort haben, wer sich nicht mit halbem Trost begnügen will, der muß den Weg zu Gott wagen und ihn selbst fragen – und er wird antworten. Denn das ist sein Wille, daß er sich dem Menschen, der ihn fragt, der sich nach seinem Wort, nach seiner Antwort, nach seiner Wahrheit sehnt, der ihm glaubt, sich zeigt und ihm sein Geheimnis ausspricht. Und nun spricht der Gott des Friedens und der ewigen Liebe es heute neu seiner Gemeinde aus, und nur seiner Gemeinde. Denen, die ihm glauben, gilt es, er sagt es seiner Gemeinde aufs Gewisseste zu: Sie sind bei mir, sie sind im Frieden. Gottes Welt ist Friede, letzter Friede nach letztem Kampf; Gottes Friede heißt Ausruhen für

die, die das Leben müde gemacht hat; es heißt Geborgensein für die, die unbehütet und unbewacht wanderten; Heimat für die Heimatlosen, Stille für die Abgekämpften, Linderung für die gequälten, wunden Herzen, Tröstung für die Bekümmerten und Weinenden; Schlafendürfen für die Bebenden und Erschöpften ... Gottes Friede ist, wie wenn eine Mutter ihrem weinenden Kind mit ihrer Hand über die Stirn streicht und es tröstet.
Ich will euch trösten, wie einen seine Mutter tröstet ... (Jesaja 66, 13) eure Toten sind getröstet mit Gottes Trost, er hat ihre Tränen abgewischt, er hat dem rastlosen Treiben ein Ende gemacht – sie sind im Frieden.
Über den Sterbebetten, auf denen sich ein starkes, rastloses Leben mit großer Angst zum Tode durchkämpft, bis es mit einem schweren Seufzer zu Ende geht ... geht das Wort auf: »Aber er ist im Frieden.«
Über der letzten Not eines großen Sünders, dem der Tod die gräßlichen Schrecken der Verdammnis vorhält und der an ihnen verzweifelt und verzagt in großer Reue und Buße, erscheint Christus, drückt dem Sterbenden selbst die Augen zu und spricht: »Aber er ist im Frieden.«
Über den Särgen der Kinder und der Alten, über den Särgen der Frommen, die in einfältigem Glauben in ihrer letzten Stunde allein auf Christus hofften, singen die Engel: »Aber sie sind im Frieden.«
Wo wir Zurückgelassenen nichts sehen als Not und Angst und Pein und Selbstvorwurf und Reue, wo wir nichts sehen als Hoffnungslosigkeit und das Nichts, da sagt Gott: »Aber sie sind im Frieden.«

Gottes »Aber« ist es, das gegen all unser Denken und Suchen geht. Gottes »Aber« ist es, das die Toten nicht sterben läßt, das sie auferweckt und zu sich führt. Gottes »Aber« ist es, das den Tod zum Schlaf macht, der uns in einer neuen Welt aufwachen läßt. Gottes »Aber« ist es, das die Toten ins Paradies bringt. »Wahrlich, ich sage dir, heute noch wirst du mit mir im Paradiese sein« (Lukas 23, 43), so sagt Christus zu dem Räuber, der neben ihm am Kreuz hängt und Buße tut. »Aber« sie sind im Frieden, – das heißt eben, daß es wahrhaftig nicht das Selbstverständliche ist, sondern das ganz und gar Neue, das ganz und gar Letzte, das von Gott her Geschehende. Nicht unser Friede, sondern Gottes Friede.

Aber noch einmal sei es gesagt: Es gibt hier kein selbstsüchtiges Fragen, sondern all unser Wissen und all unsere Hoffnung kommt allein vom Blick auf Gott, dem wir alles anheimstellen und dem wir glauben, weil er sagt: Ich bin die Auferstehung und das Leben (Johannes 11, 25). Ich lebe, und ihr sollt auch leben (Johannes 14, 19). Und nun können wir doch von dieser Welt Gottes, die nicht unsere Welt ist, von dem Reich des Friedens, und daß unsere Toten uns vorausgegangen sind, gar nicht hören, ohne daß uns selbst eine unermeßliche Sehnsucht, ein unbeschreibliches Heimweh beschleicht nach jener Welt, wie es die Kinder beschleicht vor der Weihnachtsstube, in der Freude die Fülle und seliger Friede sein wird. Der hat noch nie an Gott und an sein Reich geglaubt, der hat noch nichts vom Reich der Auferstehung vernommen, der von Stund' an nicht

selbst Heimweh hat und wartet, freudig wartet auf des Leibes Erlösung.
Ob wir jung sind oder alt, das ist hier kein Unterschied. Was sind die zwanzig oder dreißig oder fünfzig Jahre vor Gott? Und wer weiß denn, wie nahe er vielleicht schon vor dem Ziel ist? Daß das Leben erst anfängt, wenn es hier aufhört, daß alles nur Vorspiel ist vor dem geschlossenen Vorhang – das sollen Junge und Alte bedenken. Warum haben wir denn solche Angst, an den Tod zu denken? Warum wird uns so bange, wenn wir uns vorstellen, wie wir auf dem Sterbebett liegen werden? Der Tod ist ja furchtbar nur für den, der Angst hat, der ihn fürchtet. Der Tod ist nicht wild und schrecklich, wenn wir nur still sind und an Gottes Wort halten. Der Tod ist nicht bitter, wenn wir nicht verbittert sind. Der Tod ist Gnade, Gottes größte Gnade, die er den Menschen, die ihm glauben, schenkt. Der Tod ist mild, der Tod ist süß, der Tod ist sanft, der Tod lockt mit himmlischer Gewalt, wenn wir nur wissen, daß es das Tor in die Heimat, in das Freudenzelt, in das ewige Reich des Friedens ist.
Vielleicht sagen wir: Ich habe nicht Angst vor dem Tod, ich habe aber Angst vor dem Sterben. Wer weiß es denn, daß das Sterben etwas Schreckliches ist? Wer weiß es denn, ob nicht die Ängste und Nöte des Menschen nur das Zittern und Schaudern vor dem Herrlichsten, Himmlischsten, seligsten Ereignis der Welt ist? Daß es das Zappeln des neugeborenen Kindes ist, das das Licht der Welt erblickt? Was sind all die merkwürdigen Dinge, die wir an Sterbebetten erleben können,

anderes als ein Hinweis gerade darauf? Was bedeutet es, wenn einer, der lange gekämpft und gerungen und sich geängstigt, im letzten Augenblick sein Auge groß auftut, als ob er etwas Herrliches sah und ruft: Gott, ist das schön! Wir fragen: Was bedeutet das?
Jawohl, der Tod schrecklich, ist der Knochenmann mit der Sense, der einen nach dem anderen zum Totentanz fordert, ob er will oder nicht – wenn der Mensch nicht glaubt, wenn er nicht zu den Gerechten gehört, von denen unser Wort gilt: Aber sie sind im Frieden.
Der Tod ist die Hölle und die Nacht und die Kälte, wenn ihn unser Glaube nicht verwandelt. Aber das ist ja das Wunderbare, daß wir den Tod verwandeln können. Wenn ihn unser Glaube an Gott berührt, da wird aus dem wilden Knochenmann, der uns Angst macht, der Freund, der Bote Gottes, da wird aus dem Tod Christus selbst. Ja, das sind sehr verborgene Dinge. Aber wir dürfen sie wissen. Und unser Leben hängt daran. Die Glaubenden werden Frieden haben und der Tod wird sie nicht schrecken, er kann sie nicht mehr anrühren, denn sie sind in der Hand Gottes, und keine Qual rührt sie an. Es hat mancher versucht, sich den Tod zum Freund zu machen; und er ist ihm doch in letzter Stunde untreu geworden, er wurde sein Feind. Es gibt nur einen Weg, den Tod zum Freund zu haben, und der heißt Glaube. Und dann, dann wird der Tod der beste Freund. Dann wird auch einmal über unserem Sterbebett Gottes Wort klingen: »Sie sind im Frieden.« Und unsere Augen werden übergehen vor Freude, wenn wir das Reich und diesen Frieden sehen werden.

Vielleicht kommt es euch kindlich vor, daß wir so reden. Aber können wir denn angesichts solcher Dinge anders als so kindlich reden? Sind wir denn angesichts solcher Dinge wirklich etwas anderes als Kinder, ahnungslose Kinder? Und wollen wir denn wirklich etwas anderes sein? Wollen wir etwas anderes sein, wenn wir in sein Reich kommen und den Freudentag sehen dürfen? Seht euch Kinder an, wenn sie sich freuen, und sagt selbst, ob ihr etwas Besseres sein wollt, und ob wir uns dessen zu schämen hätten? »Ich will euch trösten, wie einen seine Mutter tröstet (Jesaja 66, 13).

Kinder der Auferstehung hat uns Christus genannt (Lukas 20, 36). Kinder, die Heimweh haben, das sind wir, wenn es recht mit uns steht.

Der Tod ist außerhalb unser selbst
und er ist in uns.
Der Tod von außen ist der schreckliche Feind,
der an uns herantritt,
wann er will.
Er ist der Tod des ganzen Menschengeschlechts.
Gottes Zorn und Ende alles Lebens.
Aber das andere ist der Tod in uns,
er ist unser eigener Tod.
Auch er liegt in uns seit Adams Fall.
Aber er gehört uns selbst zu.
Wir sterben ihn in Jesus Christus täglich
oder wir verweigern ihn.
Dieser Tod in uns hat mit der Liebe zu Christus und den Menschen etwas zu tun.
Dieser Tod ist Gnade und Vollendung des Lebens.
Daß wir diesen Tod sterben, daß es uns geschenkt wird,
daß uns der Tod von außen erst antrifft,
wenn wir durch diesen eigenen Tod für ihn bereit gemacht sind,
das darf unser Gebet sein;
dann ist unser Tod wirklich nur der Durchgang zur vollendeten Liebe Gottes.

Quellenverzeichnis

Das Quellenverzeichnis folgt den Seitenangaben dieses Buches. Es weist auf den entsprechenden Band *Dietrich Bonhoeffer Werke (DBW)* hin. Bibliographische Angaben dazu s. S. 142. Ergänzt werden, wenn nicht an anderer Stelle angegeben, Hinweise zu Textzusammenhängen und Entstehungszeiten.

5	Fußnote 1:	Maria von Wedemeyer-Weller, The other Letters from Prison. Union Seminary Quarterly Review 23/1967.
	Fußnote 2:	DBW 10, Seite 349.
	Fußnote 3:	DBW 10, Seite 352.
	Fußnote 4:	Brautbriefe Zelle 92. Dietrich Bonhoeffer – Maria von Wedemeyer 1943–1945, hg. von R.-A. von Bismarck und U. Kabitz. Mit einem Nachwort von E. Bethge, München 1992, Seite 191.
	Fußnote 5:	DBW 8, Seite 454.
6	Fußnote 6:	Brautbriefe Zelle 92, Seite 191.
	Fußnote 7:	DBW 8, Seite 455.
7		DBW 10, Seite 529. Predigt am 1. Advent, 2. Dezember 1928.
8–15		DBW 13, Seite 338–343. Predigt am 3. Advent, 17. Dezember 1933.
16		DBW 11, Seite 394. Predigt am 1. Advent, 29. November 1931.
17–19		DBW 8, Seite 240f.
20–29		DBW 16, Seite 633–639. Predigtmeditation, Weihnachten 1940.
30		DBW 6, Seite 71. Ethik als Gestaltung, 1940.
32–33		DBW 8, Seite 607f. Dezember 1944.
34		DBW 15, Seite 524. Meditation über Psalm 119, 1939/1940.
35–38		DBW 13, Seite 344–346. Andacht am 1. Januar 1934.
39		DBW 13, Seite 348f. Predigt am 3. Sonntag nach Epiphanias, 21. Januar 1934.
40		DBW 15, Seite 537, 538, 539. Theologischer Brief, Weihnachten 1939.
41–46		DBW 15, Seite 544–548. Meditation zu Epiphanias, 1940.
47		DBW 15, Seite 540. Theologischer Brief, Weihnachten 1939.
48–49		DBW 8, Seite 356f. Brief an Eberhard Bethge, 9. März 1944.
50–52		DBW 11, Seite 396ff. Andacht, 1932.
53–56		DBW 14, Seite 635–638. Predigtentwurf, 1936.
57–65		DBW 14, Seite 973–979. Predigt am Sonntag Judica, 14. März 1937.
66		DBW 10, Seite 460. Predigt am Sonntag Oculi, 11. März 1928.

67	DBW 8, Seite 49. Brief an die Eltern. Ostersonntag, 25. April 1943.
68–70	DBW 6, Seite 148ff. Die Letzten und die vorletzten Dinge, 1940.
71	DBW 9, Seite 577. Ansprache über Johannes 19, 15. April 1927.
72	DBW 8, Seite 500f. Brief an Eberhard Bethge, 27. Juni 1944.
73–79	DBW 10, Seite 461–466. Predigt am Ostersonntag, 8. April 1928.
80	DBW 6, Seite 79. Ethik als Gestaltung, 1940.
81	DBW 8, Seite 390. Brief an Eberhard Bethge, 11. April 1944.
82–86	DBW 12, Seite 455–459. Predigt am Himmelfahrtstag, 25. Mai 1933.
87	DBW 14, Seite 631. Homiletische Übungen, 1936.
88–89	DBW 8, Seite 99–102. Brief an die Eltern. Pfingsten, 14. Juni 1943.
90–91	DBW 16, Seite 651f. Andachtshilfen für die Herrnhuter Losungen, Pfingsten 1944.
92	DBW 10, Seite 514. Predigt am 16. Sonntag nach Trinitatis, 23. September 1928.
93	DBW 11, Seite 427. Predigt am 1. Sonntag nach Trinitatis, 29. Mai 1932.
94–99	DBW 13, Seite 359–363. Predigt am Sonntag Trinitatis, 27. Mai 1934.
100	DBW 14, Seite 855 und 856. Predigt am Sonntag Exaudi, 2. Juni 1935.
102–110	DBW 11, Seite 377–385. Predigt am Erntedankfest, 4. Oktober 1931.
111	DBW 11, Seite 379. (s.S. 102–110).
112	DBW 13, Seite 393. Predigt am 22. Sonntag nach Trinitatis, 28. Oktober 1934.
113–119	DBW 13, Seite 399–404. Predigt am Reformationsfest, 4. November 1934.
119	DBW 14, Seite 854. Predigt am Sonntag Exaudi, 2. Juni 1935.
120	DBW 15, Seite 466. Predigt am 3. Sonntag nach Epiphanias, 23. Januar 1938.
121–127	DBW 13, Seite 319–325. Predigt am Bußtag, 19. November 1933.
128	DBW 15, Seite 514. Meditation über Psalm 119, 1939/1940.
129	DBW 16, Seite 194. Rundbrief, 15. August 1941.
130–138	DBW 13, Seite 325–331. Predigt am Totensonntag, 26. November 1933.
139	DBW 15, Seite 271. Rundbrief, 20 September 1939.

Umschlag:

4	DBW 14, Seite 871f. Biblische Besinnung, 1935.

Dietrich Bonhoeffer Werke

Herausgegeben von
Eberhard Bethge (†), Ernst Feil, Christian Gremmels, Wolfgang Huber, Hans Pfeifer, Albrecht Schönherr, Heinz Eduard Tödt (†), Ilse Tödt

Band 1 (DBW 1):	**Sanctorum Communio.** Eine dogmatische Untersuchung zur Soziologie der Kirche. Herausgegeben Joachim von Soosten (1986).
Band 2 (DBW 2):	**Akt und Sein.** Transzendentalphilosophie und Ontologie in der systematischen Theologie. Herausgegeben von Hans-Richard Reuter (1988, ^{2}2002).
Band 3 (DBW 3):	**Schöpfung und Fall.** Herausgegeben von Martin Rüter und Ilse Tödt (1989, ^{2}2002).
Band 4 (DBW 4):	**Nachfolge.** Herausgegeben von Martin Kuske und Ilse Tödt (1989, ^{3}2002).
Band 5 (DBW 5):	**Gemeinsames Leben. Das Gebetbuch der Bibel.** Herausgegeben von Gerhard L. Müller und Albrecht Schönherr (1987, ^{2}2002).
Band 6 (DBW 6):	**Ethik.** Herausgeben von Ilse Tödt, Heinz Eduard Tödt (†), Ernst Feil und Clifford Green (1992, ^{2}1998).
Band 7 (DBW 7):	**Fragmente aus Tegel.** Herausgegeben von Renate Bethge und Ilse Tödt (1994).
Band 8 (DBW 8):	**Widerstand und Ergebung.** Herausgegeben von Christian Gremmels, Eberhard Bethge (†) und Renate Bethge in Zusammenarbeit mit Ilse Tödt (1998).
Band 9 (DBW 9):	**Jugend und Studium** 1918–1927. Herausgegeben von Hans Pfeifer in Zusammenarbeit mit Clifford Green und Carl-Jürgen Kaltenborn (1986).
Band 10 (DBW 10):	**Barcelona, Berlin, Amerika 1928–1931.** Herausgegeben von Hans Christoph von Hase und Reinhart Staats in Zusammenarbeit mit Holger Roggelin und Matthias Wünsche (1991).
Band 11 (DBW 11):	**Ökumene, Universität, Pfarramt 1931–1932.** Herausgegeben von Eberhard Amelung und Christoph Strohm (1994).
Band 12 (DBW 12):	**Berlin 1932–1933.** Herausgegeben von Carsten Nicolaisen und Ernst Albert Scharffenorth (1997).
Band 13 (DBW 13):	**London 1933–1935.** Herausgegeben von Hans Goedeking, Martin Heimbucher und Hans-Walter Schleicher (1994).
Band 14 (DBW 14):	**Illegale Theologenausbildung: Finkenwalde 1935–1940.** Herausgegeben von Otto Dudzus (†) und Jürgen Henkys in Zusammenarbeit mit Sabine Bobert-Stützel, Dirk Schulz und Ilse Tödt (1996).
Band 15 (DBW 15):	**Illegale Theologenausbildung: Sammelvikariate 1937–1940.** Herausgegeben von Dirk Schulz (1998).
Band 16 (DBW 16):	**Konspiration und Haft 1940–1945.** Herausgegeben von Jørgen Glenthøj (†), Ulrich Kabitz und Wolf Krötke (1996).
Band 17 (DBW 17):	**Register und Ergänzungen.** Herausgegeben von Herbert Anzinger, Hans Pfeifer unter Mitarbeit von Waltraud Anzinger und Ilse Tödt (1999).
(DB):	Eberhard Bethge: **Dietrich Bonhoeffer.** Theologe – Christ – Zeitgenosse. Eine Biographie. 7., aktualisierte Auflage 2001.

Alle genannten Werke sind im Chr. Kaiser / Gütersloher Verlagshaus, Gütersloh erschienen.